...primero, aprender; segundo, aprender; tercero, aprender; y después, comprobar que lo aprendido no quede reducido a letra muerta o a una frase de moda

V. I. Lenin
«Más vale poco y bueno». Publicado el 4 de marzo de 1923 en el núm. 49 de *Pravda*.

Portada de *Método dialéctico marxista*,
Edición de 1952, Gospolitizdat, Moscú.

Método dialéctico marxista

Mark Rosental
Método dialéctico marxista
Марк Моисеевич Розенталь
Марксистский диалектический метод

Ediciones Tinta Roja
tintarojaediciones@gmail.com
Primera edición: septiembre, 2025

Edición y revisión
Javier Martín Rodríguez

Edición y estudio introductorio
Iván Álvarez Díaz

Maquetación
Iván Álvarez Díaz

Diseño de cubierta
Pedro Fernández

ISBN: 978-84-129349-4-6
Depósito legal: M-20518-2025
Impreso en Estugraf, Madrid

Mark Rosental

Método dialéctico marxista

Una introducción a las leyes y categorías de la dialéctica

Tinta Roja
2025

Nota editorial

El libro que tiene en sus manos es una *reedición reelaborada* de *Método Dialéctico Marxista*, publicado originalmente en 1946 por la editorial montevideana Pueblos Unidos. ¿Por qué puntualizamos como «reelaborada»? La obra está orientada a la formación de cuadros comunistas, claramente en su fase introductoria. Tal vez ese carácter, y el público al que estaba dirigido, ayude a explicar su formato esquemático, podríamos decir incluso telegráfico, conciso y escueto. Para racionalizar el espacio y contribuir a darle una apariencia menos catequística hemos unido párrafos que estaban injustificadamente separados, así como también hemos integrado en el cuerpo de texto las citas a bando excesivamente cortas como para justificar ese formato.

En lo referente a las notas a pie de página, hemos sustituido las fuentes de las mismas donde lo hemos visto conveniente o necesario, pues en la publicación montevideana muchas citas remitían a ediciones rusas. Donde ha sido posible las hemos sustituido por ediciones recientes o que son de fácil acceso por Internet para su consulta, especialmente las referencias a los clásicos del marxismo-leninismo; sustitución de fuente que implicaba también el necesario cambio de la propia cita textual para que hubiera una correspondencia. Por supuesto, por respeto a la obra original, hemos sido muy cautos en esta operación, cuidándonos de no alterar el sentido de las citas a la hora de escoger fuentes textuales más accesibles. Siempre que ha sido posible nos hemos remitido a las propias ediciones soviéticas.

Se han incorporado también unas pocas notas a pie de página propias –señalizadas como «TR»– para enriquecer el texto original o ubicar algunas tesis frente a actores actuales o más reconocibles para el lector del siglo XXI. También se han aplicado algunas pocas correcciones ortográficas, léxicas o sintácticas que oscurecían el texto o suponían un redactado muy enrevesado, a menudo derivadas de ser una traducción de otro contexto histórico y sociolingüístico.

Prólogo

Sobre el autor

Un 19 de febrero de 1906 nacía en la aldea de Ustia, actual Ucrania, Mark Moiseievich Rosental. De extracción social humilde, sufrió la absoluta miseria que imperaba sobre el campesinado durante los últimos años del zarismo, perdiendo a muy temprana edad a sus padres en unas de las epidemias que sacudían ocasionalmente las aldeas ucranianas por aquellos años.

Pronto tuvo que ingresar en una industria como tornero y, siendo aún adolescente, comenzó a adoptar un rol político entre sus compañeros, redactando materiales agitativos. Tras la revolución rusa, mientras trabajaba en una industria azucarera, en 1925, ingresa en el Partido Comunista de Rusia (bolchevique) –PC(b)– y asume las tareas de *Agitprop* en su fábrica. Su desempeño le llevó a ser elegido responsable de propaganda en la provincia de Nicolaiev y, en 1928, se trasladó a Moscú convocado por el Partido, graduándose en el Instituto de Profesores Rojos en 1933. Desde 1927 el Instituto dependía directamente del Comité Ejecutivo Central de la Unión Soviética y tenía como objetivo la formación de cuadros ideológicos para el Partido. En esta misma institución y por aquellos años se graduarían otros destacados representantes de la filosofía académica soviética, como Mark Mitin, Fédor Konstantinov, Mijail Kammari, Piotr Pospelov o Bonifaci Kedrov, algunos de los cuales tuvieron un papel activo en la lucha política e ideológica contra Deborin y sus discípulos.

Por aquellos años, Rosental fue colaborador usual en la revista *Literaturni Kritik*, editada por el círculo de la línea estético-filosófica afín a los planteamientos leninistas de Mijaíl Lifschitz y Györg Lukács. Fue también redactor desde 1936 en la *Literaturnoe Obozrenie*, y promocionó a redactor jefe de Gospoditizdat, la editorial de publicaciones políticas del Estado soviético. Aún joven, pero ya distinguido como Doctor en Filosofía, ejerció como director del departamento de materialismo dialéctico e histórico en la Escuela Superior de Economía dependiente del Comité Central del Partido Comunista, para la formación de cuadros políticos. En estos últimos años de la década del treinta dirigió la redacción de una de las obras filosóficas más relevantes del siglo XX, el *Diccionario filosófico breve*.

Con el comienzo de la invasión nazi de 1941, Rosental y su familia fueron evacuados a Sverdlovsk (actual Ekaterimburgo), donde ejerció como jefe adjunto del Departamento de Agitación y Propaganda del Comité Regional del Partido. Con el final de la guerra, ocupó la cátedra de filosofía en la Academia de Ciencias Sociales del Comité Central del Partido. En 1953, y hasta 1956, Rosental también fue editor adjunto en la revista *Cuestiones de filosofía*, la publicación filosófica más importante de la Unión Soviética a partir de aquellos años –fundada en 1947 y publicada hasta hoy por la Academia de las Ciencias de Rusia–. Entre 1966 y 1969 fue también el jefe del sector de materialismo dialéctico del Instituto de Filosofía de la Academia de las Ciencias de la URSS. Falleció en 1975, dejando tras de sí un gran legado filosófico, con una prolífica obra, y varias hornadas de discípulos y seguidores.

Sobre «Método dialéctico marxista»

La presente obra se publicó por primera vez en ruso en el año 1939, pero vio posteriores ediciones en los años 1941, 1947, 1951 y 1952, siendo las dos últimas ediciones notablemente más extensas que las primeras (la primera edición contaba con 144 páginas, muy lejos de las 345 de la última). Si bien la edición de 1939 supuso una tirada de 100.000 ejemplares, la de 1952 alcanzó los

400.000 volúmenes impresos. El título fue de gran importancia, a partir de 1941 es editado por Gospolitizdat, editorial política del Estado, siendo el objeto de importantes debates entre las primeras espadas de la filosofía soviética, apareciendo reseñas y críticas del mismo en revistas como *Bajo la bandera del marxismo*, *Bolchevique* y tantas otras. En estas reseñas encontramos comentarios de todo tipo: el libro de Rosental es citado como un ejemplo de «talmudismo»; también es objeto de crítica por subestimar la contribución de Stalin a la filosofía marxista, acusación del todo sonrojante leyendo el escrito; pero también podemos encontrar reconocimientos como un buen libro para la instrucción popular y abundantísimas referencias bibliográficas que tienen en cuenta esta obra años después de su última edición. Como muestra de esta relevancia está también el hecho de haber sido una obra editada en español ya en 1943 por la editorial chilena Nueva América, y poco después por Pueblos Unidos en 1946.

Podemos decir, por tanto, que *Método dialéctico marxista* es una de las publicaciones de filosofía soviética más relevantes del periodo comúnmente conocido como «estalinismo». En la época en la que nos movemos esta no fue la única obra de este género, muy al contrario, son innumerables las ediciones sobre método dialéctico, materialismo dialéctico o ensayos filosóficos sobre dialéctica y ciencia en los clásicos del marxismo-leninismo. En estos años, el llamado «método dialéctico» se consagra como piedra de toque para comprobar quién puede ser calificado de marxista y quién no, y es uno de los puntos de anclaje entre la teoría y la práctica bolcheviques[1]. *Método dialéctico marxista* no es un libro para exquisiteces académicas, no encontrará el lector o lectora en *Método dialéctico marxista* la *ultima ratio* de la filosofía marxista, ni las claves definitivas en torno a la dialéctica. Tal como hemos presentado más arriba, fue un libro con tiradas masivas y que ya desde sus inicios fue publicado en otras lenguas, es decir, un libro orientado a la lectura por parte de militantes y personas no especializadas –aunque fuera obviamente

---

1 Puede leerse más sobre el contexto de la obra en «Mark Rosental, un obrero de la filosofía», publicado en la edición digital de la revista *Para la Voz*.

evaluado por especialistas y académicos–. La presente edición no busca por tanto «sentar cátedra», cerrar las cuestiones planteadas, sino más bien abrirlas, dotar al público militante de un primer acercamiento al método dialéctico marxista, a la investigación teórica, que se familiarice con los problemas filosóficos, sus limitaciones y los cabos sueltos de la tradición; pero también con su potencialidad.

Algunas notas sobre la dialéctica

«Dialéctica» es uno de los términos fundamentales de la tradición filosófica, desde Platón hasta la filosofía contemporánea. En la tradición marxista, tan proclive a la discusión pública, al exhibicionismo polemista, el término está especialmente manoseado. Acusar al contrario de falta de dialéctica es el recurso preferido del que quiere rebatir sin argumentos. Acompañar un planteamiento del adjetivo «dialéctico» soluciona cualquier incoherencia o incapacidad para resolver un dilema, disfraza lo burdo de sofisticado. Lo cierto es que dialéctica, en nuestra tradición, se entiende de diversas maneras, por lo que convendría aquí hacer algunas pequeñas precisiones, sin mayores pretensiones de agotar la cuestión que las que autoriza un mero prólogo. Para ello, acudiremos a algunos debates clásicos de la teoría marxista, pero también problemáticas políticas actuales; queremos ejercer aquí el materialismo militante que reclamaba Lenin cuando decía que

> [...] debemos desarrollar esta dialéctica [marxista y materialista] en todos sus aspectos [...] dialéctica aplicada al terreno de las relaciones económicas y políticas, ejemplos que la historia contemporánea, sobre todo la guerra imperialista y la revolución actuales, nos ofrecen en cantidad extraordinariamente abundantes[2].

Dialéctica se emplea a menudo para expresar la *multilateralidad en las relaciones* entre diferentes instancias o entidades (Capítulo I de nuestro libro). Los dualismos Naturaleza/Cultura o Base/Superestructura, por emplear pares de términos muy co-

---

2 Lenin, V. I., (1979), «El significado del materialismo militante», en *Obras Escogidas*, vol. 3, Editorial Progreso, pp. 693-94.

munes en la tradición marxista, generan problemas que se derivan precisamente de su carácter dualista, de una contraposición entre los términos como si fueran «todos enterizos», sustancias contrapuestas como todos homogéneos. A menudo los problemas de estos dualismos se resuelven apelando a una «relación dialéctica», pero esto no es ninguna solución, sino retórica para expresar un mero esquema de yuxtaposición o interacción.

Atendamos al par de conceptos conjugados Base/Superestructura, al cual acudimos por los ríos de tinta vertidos en su discusión, pero también por ser coordinable con el par de categorías Esencia/Fenómeno o Contenido/Forma expuestos en el presente libro (Capítulo V). Lo que hay que explicar no es la obviedad de que la legislación, por ejemplo, afecta a la producción, se trata de dar cuenta de las superestructuras como elementos *constitutivos* del organismo social, no como meros *epifenómenos* o productos emergentes, o sucedáneos. Ciertamente, la metáfora arquitectónica orienta el estudio a esquemas de yuxta o superposición, es problemática *per se,* ya en su formato lógico. En la teoría marxista, múltiples autores han optado por solventar el problema evitándolo: el esquema mismo sobra, debemos obviarlo y, con razón, aludiendo que el propio Marx apenas lo utilizó un puñado de veces en toda su obra escrita.

Sin embargo, en estas líneas optaremos por el enfoque empleado por Lenin en su libro *Quiénes son los «amigos del pueblo» y cómo luchan contra los socialdemócratas*; dice Lenin: «Marx analizó siempre y en todas partes las superestructuras que corresponden a estas relaciones de producción, recubriendo de carne el esqueleto e inyectando sangre a este organismo»[3]. De la misma forma que en los vertebrados los tejidos blandos no son meros brotes del esqueleto, sino que están intercalados entre los huesos y posibilitan su movimiento, y de la misma forma que no existe «materia» o «contenido» sin «forma», materia amorfa, no existen relaciones de producción puras, sin determinaciones históricas y sociales concretas. La circularidad dialéctica entre

---

3 Lenin, V. I., (1979), *Quiénes son los «amigos del pueblo» y cómo luchan contra los socialdemócratas*, Editorial Progreso, p. 17.

base y superestructura no sería tanto un mero esquema de «interacción mutua» como, más bien, de integración. Partiendo de aquí, se presenta como problemático el enfoque de la «última instancia» cuando esta expresión de Engels se malinterpreta, dando pie al rastreo de una permanente «causa primera» a la que todo es reducible. Las superestructuras no son, desde luego, las que cumplen las funciones motoras de la sociedad, pero son un momento necesario del movimiento de la misma, y no como meros fenómenos o ilusiones funcionales, sino determinaciones constitutivas de la totalidad social[4].

Algo similar cabría apuntar en torno a las nociones de Naturaleza/Cultura, coordinable con esquemas duales como Campo/Ciudad, Medio/Sociedad, Objetivo/Subjetivo, etc. Este dualismo, con recorrido en la metafísica cristiana pero implantado en nuestra era principalmente a través del idealismo alemán, está absolutamente incorporado en la tradición marxista. La presente cuestión ontológica nos remite a los debates actuales de la ecología política en torno a la vinculación entre crisis capitalista y crisis medioambiental o en torno al llamado «Antropoceno». El cómo entendemos la dialéctica es fundamental en estos debates, los cuales se dan, *grosso modo*, entre dos escuelas principales

---

4 Siguiendo este esquema cabría replantear la cuestión de las ideologías evitando reduccionismos *instrumentalistas*, sin perjuicio de que puedan servir como instrumentos de dominación social. Las formas de conciencia social burguesas, sean de carácter categorial-científico, religiosas, morales, filosóficas, etc., no habría que concebirlas como un mero instrumento de la clase burguesa para sostener su dominio («Opio para el pueblo»). La conciencia de la clase burguesa también está determinada por su ser social, las clases dominantes se *creen* u organizan su existencia incorporando las ideas dominantes; las ideas de «libertad» o «igualdad» exportadas por los regimientos del ejército napoleónico no fueron meras ocurrencias, ilusiones o engañifas *ad hoc* de la clase burguesa revolucionaria, sino que fueron *ejercitadas objetivamente* en los planes revolucionarios a través de nuevos códigos civiles y la disolución de las viejas instituciones del Antiguo Régimen. Solo cuando este proceso dio paso a una sociedad basada en la explotación del proletariado estas ideas se tornaron como *aparentes*. Si no queremos que las diferentes formas de conciencia social queden reducidas a secreciones mentales de tal o cual clase social, y se tornen *objetivas*, cabría incorporarlas a la idea de «materia socialmente organizada», esto es, y dicho en términos antropológicos genéricos, las instituciones.

en el mundillo marxista: la ecología-mundo de Jason W. Moore y la ruptura-metabólica de *Monthly Review* y John Bellamy-Foster[5].

En el caso de la ecología-mundo la dialéctica se torna en un *esquema de fusión*, un monismo radical que busca disolver el dualismo Naturaleza/Cultura a través de la idea de *oikeios*[6]. Naturaleza a través del capitalismo y capitalismo a través de la naturaleza. Esto nos sitúa ante una ontología absolutamente plana que, al no reconocer plenamente el alcance de la Idea de Producción y sus diferentes determinaciones históricas como *mediación* entre los seres humanos y el resto la naturaleza, ciega toda actividad política y convierte a la naturaleza en un sujeto pasivo. La escuela de Bellamy-Foster, por el contrario, mantiene una concepción ontológica monista básica, pero donde cabe la discontinuidad dentro de la continuidad, propiedades emergentes en el proceso de producción de la vida social. Bellamy-Foster estaría mucho más cercano al materialismo dialéctico ortodoxo y al Diamat soviético[7], al señalar, sí, la unidad material del hombre con el resto de la naturaleza, pero reconociendo la especificidad, la no identidad entre las diferentes entidades del mundo[8].

La dialéctica, por lo tanto, no debe confundirse con la *fusión*, pues esto implica necesariamente un reduccionismo, ya sea de carácter biologicista o naturalista, o en su defecto sociologista. En la fusión la sociedad se ve absorbida por el medio, o viceversa. Esto nos conduce a otra acepción común de dialéctica, asociada a *la idea de movimiento*, frente a la metafísica que concibe la realidad como estática (Capítulos II y III de nuestro libro).

---

5   Un excelente resumen de ambas posturas, desde la óptica de la ruptura metabólica, en Bergamo, J. P., (2023), «Pandemic capitalism: Metabolic Rift, World-Ecology Crossing Dialectical Biology», en *Historical Materialism*, 31.1, pp. 93-121.

6   Idea que a nuestro juicio está emparentada con la de «colectivo» elaborada por el sociólogo Bruno Latour en *Políticas de la naturaleza* (Arpa, 2024).

7   Véase Fedoséyev, P., (1978), «Lo social y lo biológico en filosofía y sociología», en *Ciencias Sociales*, vol. 3 (33), Editorial Nauka, pp. 21-45.

8   La exposición aquí resuelta en un párrafo conlleva necesariamente simplificaciones y omisiones. Se invita al lector o lectora el acercamiento directo a los planteamientos de los autores citados. A nuestro juicio, es una tarea pendiente el estudio de estas posiciones desde las coordenadas del marxismo-leninismo.

El mundo está constantemente haciéndose y deshaciéndose, lo nuevo sustituye a lo viejo, unos nexos se rompen y otros se forman. Esta consideración tan abstracta y conocida es sin embargo bloqueada cuando el listillo retórico nos insiste, de una forma muy indeterminada, en la noción de «totalidad». Dar cuenta del carácter totalizador del capital, estudiar el modo de producción como un «todo», puede incurrir en una metodología holística totalmente inoperante. La dialéctica, cuando insiste en la conexión pero omite su contraria, la desconexión, en la permanente incorporación de cada parte en un todo mayor, termina por arrojar concepciones superabsorbentes. Aquí encuadraríamos esas aseveraciones de perogrullo como «el problema es el capitalismo» (como forma de no enfrentar problemas específicos en su complejidad) o tan pedantes como «el amor es una necesidad del capital». Estas consideraciones, que sin duda tienen su fulcro de verdad, realmente no explican nada ni arrojan ninguna solución a ningún problema político. La realidad está estructurada e interrelacionada, pero se disloca, descompone, se desmorona y se reconfigura. ¿Qué queremos decir con esto? Que la concepción del todo no puede hacerse al margen de las partes y las contradicciones que se dan en su seno, no podemos afrontar la totalidad como un «cierre» englobante que nos permita agotar toda realidad (la crítica de la economía política explicaría hasta sus últimas determinaciones tanto la escasez de vivienda como el amor por mi gato). Pero el materialismo dialéctico argumenta que la materia, lo que existe o puede existir, es infinito e inagotable; es el movimiento precisamente lo que hace de la realidad algo infecto –i.e., no perfecto, inacabado–, por lo que nuestro mundo siempre tiene un reverso desconocido[9].

---

9   La tesis leninista de la inagotabilidad de la materia no es una tesis «abstracta», sino que tiene unas implicaciones prácticas fundamentales. La tesis puede resumirse de la siguiente manera: la materia es infinita y está en constante cambio, por lo que nunca podremos conocerla, mensurarla, dominarla o entenderla plenamente; ahora bien, la materia es *virtualmente* agotable, es decir, nuestro conocimiento a través de la praxis refleja de manera correcta y objetiva el mundo. La materia, desde un punto de vista gnoseológico, se divide en materia conocida y materia por conocer. A partir de esta tesis se nos presente una dialéctica entre lo conocido, lo cognoscible y lo desconoci-

Esta metodología absorbente y englobante, que no da cuenta de las desconexiones y de los desacoples, no permite abordar los problemas de la semejanza y la diferencia, de lo general y lo particular, de lo azaroso y lo necesario, del equilibrio y el cambio. Y por lo tanto, en política no permite conocer los rasgos dominantes de una determinada fase del capitalismo, no permite análisis diacrónicos e históricos coherentes ni permite dar un paso al frente en materia organizativa pues, dado que «el problema es el capitalismo», todo lo que no sea una impugnación del todo y un maximalismo permanente, será visto como reformismo, oportunismo y gradualismo. Cabría investigar la conexión existente entre este método dialéctico absorbente y el izquierdismo infantil.

Finalmente, la tercera acepción de dialéctica más común en la tradición marxista, y estrechamente ligada a las anteriores, es la dialéctica entendida como *contradicción* (Capítulo IV de nuestro libro). En la tradición comunista, y tal como aparece en la obra de Rosental, contradicción es una idea solidaria de la de eliminación, sustitución o «negación» del objeto de la contradicción. Algo es contradictorio cuando su despliegue conduce a su negación. En tanto en cuanto la realidad está en movimiento, podemos hablar de una dialéctica real y objetiva, pero queriendo evitar abusos debemos advertir que no basta con afirmar que una «totalidad concreta» o tal o cual entidad es contradictoria. Se debe conocer el nexo necesario entre los términos contradictorios y cómo conducen a su destrucción; o dicho en términos más comunes, las circunstancias, los mecanismos, los procesos concretos. El método dialéctico nos invita a analizar cada contradicción concreta, si no lo convertimos en algo inútil que úni-

---

do que podemos aplicar a cuestiones de carácter programático, por ejemplo: ¿puede un sistema de planificación central mensurar y controlar todas las variables que determinan el funcionamiento de un régimen económico? ¿es posible desplegar un programa socialista capaz de evitar todo tipo de efecto inesperado o indeseado en el medio ambiente? Estas preguntas, en absoluto de fácil respuesta, son un buen ejemplo de cómo una tesis filosófica aparentemente genérica como la de la inagotabilidad de la materia bloquea cualquier concepción utópica y armonicista del socialismo-comunismo.

camente habilita razonamientos simples: una vez un sistema ha desaparecido solo podríamos demostrar que desapareció porque, efectivamente, ¡era contradictorio!

El ejemplo marxista por antonomasia es la condición contradictoria del modo de producción capitalista, una contradicción cuya resolución (o negación) abre paso al socialismo. Y aquí queremos referenciar al sociólogo marxista Andrés Piqueras. En su libro *De la decadencia de la política en el capitalismo terminal*, de gran interés y valor teórico, y que ha tenido una gran influencia en el movimiento comunista español en los últimos años, Piqueras nos habla del modo de producción capitalista como una «totalidad incompleta». El término, por lo que venimos señalando más arriba, no nos parece del todo desacertado (digamos que la relación social general de la valorización no puede ser nunca una relación universal o conmensurable con todas las entidades de nuestro mundo[10]), pero el problema estriba cuando esta condición de «incompleta» se emplea para abrir una «fuga» que permitiría articular una praxis política «fuera» de la lógica del capital. Dice Piqueras: «[...] si los seres humanos somos personificaciones de las categorías del *capital* [...], esas "personificaciones»" no son completas, no están total y definitivamente incorporadas al *capital*, porque de lo contrario no habría posibilidad de salida, de crítica, de ruptura». Y más adelante, en su crítica contra Juan Íñigo Carrera y epígonos:

> Marx señaló que el capitalismo producía las «condiciones objetivas» de socialización de la producción y por tanto de cooperación entre los productores, pero nunca se le ocurrió decir que la rea-

---

10 Un teorema científico, por ejemplo, no tiene por qué ser un producto del capital. No es lo mismo decir que las ciencias estén subordinadas a la acumulación capitalista a que sus unidades básicas, los teoremas, sean reductibles a un momento de la «relación social general». El SARS-CoV-2 es un agente biológico, y nada nos puede decir el capital de su virión. En todo caso, nos dirá algo de los diferentes grados de vulnerabilidad de la población, o de los factores humanos que influyen en la aparición de nuevas cepas y sus vías de transmisión a través de las cadenas de valor y circulación de personas. Tampoco nada nos puede decir el capital del teorema de Pitágoras o las órbitas de Kepler, por más que la subjetividad del matemático o el físico esté mediada por el capital.

lización de esa potencialidad se pudiese desarrollar en el propio capitalismo[11].

Ahora bien, ¿cabe hablar de unas «condiciones objetivas» por un lado y «condiciones subjetivas» por el otro? (estructura y agencia, por utilizar otro par de términos muy manidos en la tradición). Desde luego en las exposiciones habituales del esquema leninista esto se enturbia. Convendría comenzar explicando que para Lenin y los bolcheviques, condiciones materiales (desarrollo de las fuerzas productivas y contradicción con las relaciones de producción), condiciones objetivas (crisis nacional-general) y condiciones subjetivas (capacidad de llevar a cabo acciones revolucionarias) se entrelazan a través del binomio político de la «situación» y la «crisis» revolucionaria.

La situación revolucionaria reúne en sí misma tanto condiciones que podríamos llamar objetivas, en el sentido de ajenas a la acción consciente del partido como herramienta política del proletariado, y subjetivas, en el sentido de interpretaciones de la realidad mediadas por la acción de este partido. Hay también, por tanto, una ruptura con el subjetivismo en tanto que coloca la posibilidad de revolución, y de preparación de la revolución, en las propias determinaciones y leyes inmanentes del capital. La diferenciación entre situación y crisis tiene, por tanto, operatividad política en tanto que permite situar al partido en el marco unitario de base y superestructura de la lucha de clases.

De esta forma, cabe hablar de forma disociada de condiciones objetivas y subjetivas en un plano *fenoménico* (tal como se nos presentan *superficialmente*, por un lado la monopolización de la propiedad del capital y la internacionalización de las relaciones sociales capitalistas, o una determinada disposición de correlación de fuerzas en un momento dado; por el otro la capacidad de influencia del partido, el grado de conciencia de la clase obrera, etc.), pero no cabe hablar de ellas como condiciones separadas e independientes, donde las últimas son la reacción al estímulo de las primeras. La lucha de clases *empírica* (las «condiciones subje-

---

11 Piqueras, A., (2022), *De la decadencia de la política en el capitalismo terminal,* El Viejo Topo, pp. 41 y 493.

tivas») no tienen una «lógica propia» o una «autonomía relativa» con respecto al proceso de producción material de la sociedad (¿cuál es la *esencia* de esa lógica propia? ¿por qué leyes se rige?), sino que existe una relación de necesidad interna. Dicho en otras palabras, existe una unidad material entre la trayectoria de la economía capitalista y el sujeto revolucionario; el proceso de acumulación de capital no puede ser concebido como un fenómeno estrechamente económico y que se desarrolla por sí mismo, ajeno a toda mediación política. El internacionalismo proletario, por ejemplo, no sería un mero ejercicio de solidaridad entre proletarios de diferentes países, como tampoco es una perspectiva moral contra toda forma de racismo o xenofobia, sino que es una vía de actuación política dispuesta precisamente por las cadenas de valor internacionales, por la globalización de las relaciones capitalistas de producción a escala planetaria y la constitución de una producción social que desborda cualquier marco de estrechez nacional.

La negación del modo de producción capitalista está expuesta de manera canónica por Karl Marx en el apartado titulado «Tendencia histórica de la acumulación capitalista», en *El Capital*. Marx no expone aquí un proceso de expropiación *externo* a la lógica del capital. No, Marx nos pone frente a una expropiación que «se lleva a cabo por medio de la acción de las propias leyes inmanentes de la *producción capitalista,* por medio de la *concentración de capitales*», y prosigue: «Paralelamente a esta concentración, [...] se desarrollan a escala cada vez más amplia la forma cooperativa del proceso laboral, la aplicación tecnológica consciente de la ciencia, la explotación colectiva planificada de la tierra...», y es cierto que vincula este proceso con el acrecentamiento «de la miseria, de la opresión [...] pero se acrecienta también la rebeldía de la clase obrera». Pero estos componentes son inmediatamente vinculados por Marx en una relación inmanente: «[la clase obrera] es disciplinada, unida y organizada por el mecanismo mismo del proceso capitalista»[12]. Este enfoque no debe deslizarnos hacia el fatalismo, o al «quietismo», donde la

---

12 Marx, K, (2017). *El Capital,* Siglo XXI, pp. 854.

clase obrera debe sentarse a esperar –y padecer– el derrumbe del capitalismo por su propio carácter contradictorio. Más bien debe considerarse como un alegato contra todo voluntarismo o concepción ética o moral, ciega o inconsciente, de la praxis revolucionaria. La acción revolucionaria es un ejercicio consciente que reposa en las propias leyes de la sociedad capitalista, y que efectúa una ruptura precisamente sujeta a esas leyes. No es un ejercicio de autodeterminación por parte de la clase obrera, que se sitúa en un «afuera», sino que ejercita su praxis conociendo los mecanismos por los cuales sus determinaciones sociales conducen a su propia abolición. Esto es, a nuestro juicio, lo que pretende ilustrar Marx cuando se dispone a escribir *El Capital*. Y ahí queríamos llegar, este es un ejemplo de cómo las contradicciones deben ser estudiadas atendiendo a sus mecanismos concretos, cuál es el proceso efectivo que implica la destrucción de nuestro objeto.

* * *

Hemos removido en estas páginas un montón de materiales y problemáticas, quizás con poco tino y sin duda con una superficialidad únicamente justificable por el formato del texto, pero con el objetivo de ejemplificar la gran relevancia política de la reflexión filosófica, que no debe ser algo reservado para especialistas e intelectuales. Tal como hemos querido ejemplificar en estas líneas, y cómo expondrá Rosental en las sucesivas, hasta las teorías aparentemente más abstractas sobre «la realidad» o «el movimiento» tienen una traducción práctica inmediata. La exposición del método dialéctico y sus categorías no es la representación de unos determinados axiomas sino que es una guía para la acción. Los marxistas concebimos nuestra tradición como un materialismo militante, un materialismo de lucha contra el empuje de las ideas burguesas y la concepción burguesa del mundo, contra la reacción filosófica y sus prejuicios.

No ahondemos en la división y la especialización, no alimentemos obrerismos anti-intelectuales ni intelectualismos clasistas. Restituyamos al materialismo dialéctico donde siempre debió estar, como un pilar fundamental de nuestro movimiento, como un vector de democratización del saber y de la ciencia, orientados a la transformación de nuestro mundo. Este libro, y tantos otros que vendrán, es un pasito en esa dirección.

Introducción

1

...el materialismo dialéctico e histórico constituye el cimiento teórico del comunismo, la base teórica del Partido marxista y todo militante activo del Partido Comunista está obligado a conocer estos fundamentos teóricos y asimilárselos[1].

Estas palabras definen con precisión máxima la significación y el papel de la filosofía marxista-leninista en la lucha por el comunismo. El dominio de la teoría más avanzada y revolucionaria, la defensa del materialismo dialéctico e histórico contra los múltiples adversarios del marxismo-leninismo y su desarrollo ulterior, constituyeron el elemento más importante en la preparación del nuevo Partido, auténticamente marxista, en el desarrollo del bolchevismo.

La historia del Partido Comunista (bolchevique) de la Unión Soviética señala convincentemente que, sin el previo dominio de la teoría revolucionaria, no hubiera podido convertirse en un Partido de nuevo tipo, no hubiera podido, en Octubre de 1917, conducir a la clase obrera y a los campesinos al triunfo, a la victoria del socialismo.

El Partido Bolchevique no habría podido triunfar en Octubre de 1917, si sus cuadros de vanguardia no hubiesen poseído la teoría del marxismo, si no hubiesen sabido ver en esta teoría una guía para la acción, si no hubiesen sabido impulsar la teoría marxista, enriqueciéndola con la nueva experiencia de la lucha de clases del proletariado[2].

---

1 *Historia del PC(b) de la URSS*. p. 120.

2 *Historia del PC(b) de la URSS*, p. 417-418.

¿En qué radica la fuerza de esta teoría? ¿Cuáles son las cualidades que la convierten en el arma más eficaz de lucha y de triunfo? En uno de sus artículos, Lenin escribía que la fuerza de la teoría marxista consiste en su justeza. «La doctrina de Marx es todopoderosa porque es exacta»[3]. Esta concisa conclusión encierra un sentido muy profundo.

La filosofía marxista-leninista da una interpretación científica justa y consecuente de las leyes de la evolución de la naturaleza y de la sociedad. Es el instrumento más poderoso del conocimiento del mundo. Sus conclusiones se basan en el estudio exacto de la realidad objetiva.

Los conceptos y leyes del materialismo dialéctico e histórico son copias, reflejos del mundo objetivo, que existe independientemente del hombre, y de las leyes de su evolución. En esto radica la fuerza, el valor inapreciable de la filosofía del proletariado.

Pero el conocimiento correcto de las leyes de la realidad no es un objetivo en sí mismo. El conocimiento de las leyes del desarrollo de las sociedades sirve para orientarse en las complejas condiciones de la vida y de la lucha social, para conocer en qué dirección evoluciona la sociedad, proponerse los objetivos en consonancia con la evolución de la propia realidad, y poder actuar acertadamente. La interpretación correcta de la realidad, saber explicar el sentido de los acontecimiento, da la posibilidad «de prever la marcha de los acontecimientos y discernir no sólo cómo y hacia dónde se desarrollan los acontecimientos en el presente, sino también cómo y hacia dónde habrán de desarrollarse en el porvenir»[4].

Estas cualidades del materialismo marxista-leninista son: 1) dar una justa descripción objetiva de la realidad, y 2) sobre esta base, determinar acertadamente el curso de los acontecimientos, no sólo en el presente, sino también para el futuro. Dichas cualidades tienen una enorme importancia. Del materialismo

---

3   Lenin, V. I., (1984), «Tres fuentes y tres partes integrantes del marxismo», en *Obras Completas*, vol. XXIII, Editorial Progreso, p. 41.

4   *Historia del PC(b) de la URSS*, p. 414.

dialéctico surge, precisamente, lógica e inevitablemente el socialismo proletario de Marx, la teoría del comunismo científico.

En la época en que actuaron Marx y Engels, el poder de la burguesía era sólido aún, el capitalismo se desarrollaba todavía en línea ascendente. Pero ya entonces, los grandes dirigentes del proletariado trazaron el cuadro de la evolución de la sociedad, no sólo en el presente, sino también para el porvenir. Descubrieron las leyes que rigen el modo capitalista de producción, demostraron que las leyes de evolución de la sociedad capitalista socavan inevitablemente sus fundamentos y la conducen a una situación en que las fuerzas productivas no pueden ya permanecer dentro del marco capitalista; que esta contradicción es resuelta por el proletariado, la fuerza productiva más importante de la sociedad; que sólo puede resolverla la revolución proletaria y la instauración de la dictadura del proletariado; que el proletariado, reagrupando en torno suyo a todos los trabajadores, construye la nueva sociedad, la sociedad socialista.

Lenin y Stalin desarrollaron aún más la doctrina de los fundadores del marxismo, adaptándola a la época del imperialismo, a las nuevas condiciones de la lucha de clases del proletariado. Enriquecieron fecundamente la teoría revolucionaria. Todo el curso posterior de los acontecimientos –la revolución socialista y la construcción de la sociedad socialista en la URSS– confirmó plenamente las previsiones de Marx y Engels, de Lenin y Stalin.

¿Qué es lo que ha dado a los fundadores del marxismo-leninismo la posibilidad de prever los acontecimiento con una exactitud tan sorprendente, de señalar las rutas y los medios de lucha que conducen el proletariado al poder? La respuesta es clara: la teoría revolucionaria, la filosofía marxista-leninista, la dialéctica materialista, que da un reflejo exacto de la realidad y constituye el más grande poder de previsión. Este es, precisamente, el sentido de las sencillas y formidables palabras de Lenin: la doctrina de Marx es omnipotente porque es exacta, vitalmente justa.

La filosofía del materialismo dialéctico en su conjunto, y cada una de sus conclusiones en particular, tienen un enorme valor revolucionario práctico. Son un instrumento para la transformación revolucionaria del mundo. El enorme valor de la filosofía marxista-leninista se señala con inmensa fuerza en el apartado filosófico del capítulo IV del *Compendio de Historia del PC(b) de la URSS*, de la pluma del camarada Stalin.

En el presente libro no analizaremos la filosofía marxista en su conjunto, en todas sus partes integrantes. El objetivo de este esbozo sólo es el método dialéctico, el aspecto de la filosofía marxista-leninista que descubre el método de estudiar los fenómenos de la naturaleza y de la sociedad, el método de conocimiento y de acción en las condiciones complejas de la lucha social, el aspecto llamado por Lenin *el alma del marxismo*.

2

El método dialéctico de Marx, Engels, Lenin y Stalin es un método *materialista*. Sin comprender su carácter materialista, no es posible comprender el más grande valor de la dialéctica revolucionaria.

Antes de Marx y Engels, la dialéctica fue elaborada en todos sus aspectos por el filósofo alemán Hegel. Hegel fue uno de los fundadores del método dialéctico. Pero Hegel era un idealista. Por eso, aun habiendo favorecido el desarrollo del método dialéctico, su dialéctica estaba viciada en su origen. Lenin escribía que no hay que tomar la dialéctica de Hegel en la forma dada por él, sino que hay que depurarla, emanciparla del idealismo, reelaborarla de una manera materialista. Marx y Engels desenmascararon por completo el idealismo filosófico, obtuvieron una plena victoria para el materialismo filosófico. En sus manos, el método dialéctico se transformó en la fuerza teórica más grande, en el instrumento más poderoso de conocimiento y de acción revolucionarios.

La filosofía, como ciencia, tiene una larga historia. Hace más de dos milenios y medio que los filósofos de las diversas épocas, incitados por las necesidades prácticas de su tiempo, trataron de encontrar el sentido del mundo que les rodeaba y de descubrir las leyes que rigen la naturaleza. Pero por diversos que hayan sido los sistemas filosóficos que crearon, ninguno pudo ni puede ignorar un problema: el de la relación entre el espíritu –conciencia– y la naturaleza –el ser.

¿Qué es lo primario: el espíritu, las sensaciones del hombre, sus ideas, su conciencia; o la naturaleza, el ser, la materia? Los filósofos pueden imaginar que ignoran este problema, que están por encima de este problema «elemental». Filósofos de esta clase hubo muchos y los hay todavía. Pero en realidad, ninguno de ellos, ni ningún sistema filosófico pudo ni puede eludir el problema de la relación entre el pensar y el ser. El problema acerca de qué es lo primario: el espíritu, las sensaciones del hombre, o la naturaleza, la materia; atañe al *fundamento de los fundamentos* de cualquier concepción del mundo, de toda ciencia. Sin resolver este problema toda concepción del mundo, toda ciencia, carece de sentido. Su solución puede ser consciente o inconsciente, pero sin solucionarlo no es posible dar ni un solo paso en el camino del conocimiento.

De la solución de este problema dependen todas las orientaciones del conocimiento y de las concepciones filosóficas. Si se parte del principio de que las ideas son lo primario, y la naturaleza lo secundario, no existente fuera de las ideas del hombre, todos los demás problemas han de ser, por tanto, resueltos también en esta dirección. Es preciso reconocer, entonces, que el hombre no es una parte de la naturaleza, su producto supremo; sino todo lo contrario, que la naturaleza es creación del hombre. Luego, es preciso reconocer que en la naturaleza y en la sociedad no existe ninguna ley objetiva, es decir, independiente del hombre, y que todo se basa en puras casualidades; que del deseo o no deseo, de la instrucción o de la ignorancia de los hombres, depende uno u otro estado de la sociedad. Y, al contrario, si se admite que la naturaleza, la materia, son primarias, y la conciencia, la sensación sólo son el producto supremo de la materia, todos los demás problemas han de ser resueltos también en esta dirección.

Por eso, por grande que haya sido el número de los diversos sistemas y escuelas filosóficos, todos se dividen en dos grandes campos fundamentales. Los que consideran que el espíritu existía antes que la naturaleza, pertenecen al campo del *idealismo*. Los que consideran que el principio básico es la naturaleza, la materia, constituyen el campo del *materialismo*. Entre estos dos campos filosóficos se movieron y se mueven todavía hoy muchas «escuelas» y «sistemas» filosóficos, pero todos encubren el idealismo o arrastran un materialismo vergonzante.

En 1908, después de la derrota de la revolución de 1905-1907 en Rusia, aparecieron filósofos que se consideraban situados por encima del materialismo y del idealismo, y creían haber superado la «unilateralidad» de estas dos corrientes principales. Fueron los llamados empiriocriticistas, los *machistas* (adeptos del filósofo austriaco Mach), que bajo la bandera de una falsa fidelidad al marxismo sacaron a relucir el idealismo más puro, y todavía en sus formas más reaccionarias.

En su genial libro *Materialismo y empiriocriticismo*, Lenin desenmascaró a los machistas, demostrando que bajo el estandarte de sistemas filosóficos «más nuevos» resucitaban en realidad la filosofía idealista subjetiva del obispo inglés Berkeley, quien a principios del siglo XVIII predicaba una «teoría» según la cual sólo el hombre sensible existe real y verdaderamente; todo lo demás no es más que un «complejo de sensaciones», creación del «yo» humano, y consideraba que el fundamento último de las sensaciones es Dios, que existe independientemente del hombre.

Los machistas rehuyeron cuidadosamente el problema fundamental de la filosofía: la relación entre el pensar y el ser. Lenin, en cambio, demostró que tras de todos sus subterfugios y astucias,- se ocultaba una solución idealista del problema filosófico fundamental.

> ...tras el fárrago de artificios de la nueva terminología, tras la maleza de la escolástica docta, hemos encontrado dos pautas fundamentales, dos direcciones fundamentales en la manera de resolver las cuestiones filosóficas: ¿Tomar o no por lo primario la naturaleza, la materia, lo físico, el mundo exterior, y conceptuar la conciencia, el espíritu, la sensación (la experiencia, según la terminología *en boga* de nuestros días), lo psíquico, etc., como lo secundario? Tal es la cuestión capital que, *de hecho*, continúa dividiendo a los filósofos *en dos grandes campos*[5].

---

5 Lenin, V. I., (1983), «Materialismo y empiriocriticismo», en *Obras Completas*, vol. XVIII, Editorial Progreso, p. 373.

Y más adelante, Lenin escribe que «Las tentativas de salir de estas dos direcciones fundamentales en filosofía no son más que "charlatanismo conciliador"»[6].

El idealismo objetivo de Hegel y de otros, como una de las principales variantes del idealismo filosófico, hace de la idea, el espíritu, fundamento de todo lo existente, como el idealismo subjetivo. Pero, a diferencia de este último, los representantes del idealismo objetivo consideran que la idea, el espíritu, existe objetivamente, independientemente de la conciencia del hombre. Según ellos, la idea objetiva, en su evolución, engendra a la naturaleza, al hombre y a la múltiple y variada realidad. El idealismo objetivo, por su modo de resolver el problema fundamental de la filosofía, pertenece también al mismo campo bien definido, diametralmente opuesto al materialismo filosófico. Tal es la suerte de todas las corrientes filosóficas. Pertenecen al materialismo o al idealismo, no hay un tercer camino.

En el problema supremo de la filosofía hay todavía otro aspecto, extraordinariamente importante: ¿Es veraz nuestro conocimiento, puede el conocimiento humano reflejar verazmente la realidad, pueden nuestros conocimientos tener el valor de verdades objetivas, o sea, de verdades que reflejan correctamente la naturaleza? La solución de este problema es extraordinariamente importante, y tanto como el relacionado con lo que debe primar, el pensar o el ser, requiere también una respuesta clara y definida.

De entre los filósofos que negaban la posibilidad de conocer el mundo o de conocerlo de un modo completo, Engels distingue a Kant y a Hume.

Kant, en su sistema filosófico, parte de la tesis de que el mundo exterior o, como él dice, el mundo de «las cosas en sí», es incognoscible. A diferencia de los demás idealistas que niegan la existencia de un mundo exterior independiente de la conciencia del hombre, Kant reconoce la existencia de un mundo exterior, de cosas objetivamente existentes; pero las considera como «cosas en sí», negando la posibilidad de convertirlas en cosas para

---

6 Ibid., p. 378.

nosotros, esto es, niega la posibilidad de conocerlas. Kant levantó una muralla entre el mundo de las «cosas en sí» y el de los «fenómenos». Desde el punto de vista de su filosofía, al hombre no le son asequibles más que los «fenómenos», no puede conocer la naturaleza de las cosas objetivas.

El filósofo inglés fue todavía más consecuente en la negación de la cognoscibilidad del mundo. Si Kant reconocía que las sensaciones se producen por la acción del mundo exterior sobre el hombre, Hume negaba en general la exactitud de ese conocimiento. Hume razonaba: Los hombres suelen pensar que existe un mundo exterior que no depende de nuestra percepción, y que seguiría existiendo aún después de desaparecer la sustancia capaz de sentir. Pero este pensamiento es fácilmente destruido por la filosofía que afirma que sólo las imágenes y percepciones son asequibles a nuestra inteligencia. En realidad, razona Hume, nuestros sentidos son canales mediante los cuales se trasmiten estas imágenes y percepciones. Nuestros sentidos no pueden establecer una relación directa, un contacto, entre la inteligencia y el objeto; y si el hombre no sabe más que de sus percepciones, sus sensaciones, ¿qué derecho le cabe, para razonar sobre cualquier objeto exterior que obre sobre él, si este objeto no le es asequible, ni mucho menos? Hume cita el ejemplo de la sensación que se recibe al percibir una mesa: «La mesa que vemos parece más pequeña si nos alejamos de ella, pero la mesa real, que existe independientemente de nosotros, no cambia; por consiguiente, nuestra mente no ha percibido otra cosa que la imagen de la mesa»[7].

De esto Hume hace la siguiente deducción:

> La mente jamás tiene delante nada que no sean las percepciones y en modo alguno está en condiciones de realizar experiencias, cualesquiera que sean, referentes a la correlación entre las percepciones y los objetos. Por lo tanto, la hipótesis de la existencia de semejante correlación está privada de todo fundamento lógico[8].

---

7 Ibid., p. 26.
8 Ibid., p. 27.

Este punto de vista fue calificado de agnosticismo. En su libro *Materialismo y empiriocriticismo*, Lenin da una explicación popular del agnosticismo, muy extendido en el posterior desarrollo de la filosofía burguesa: «Agnóstico es una palabra griega: A quiere decir en griego NO; GNOSIS, conocimiento. El agnóstico dice: ignoro si hay o no una realidad objetiva, reflejada por nuestras sensaciones, y declaro imposible saberlo»[9].

Lo característico de todos los agnósticos es su negación del conocimiento como reflejo, como copia de la realidad objetiva. El agnóstico se niega a reconocer el contenido *objetivo* de nuestras representaciones y conceptos. Y esto es natural, puesto que, según él, sólo tenemos que ver con las percepciones, con las imágenes de los objetos, y no es posible hablar de un contenido objetivo de muestro conocimiento.

Desde este punto de vista, es verdad todo lo que piense este o aquel hombre o grupo de hombres; si a un hombre o grupo de hombres les parecen reales los demonios y duendes, y no seres inventados, estas imaginaciones no pueden ser refutadas. No es posible refutar ninguna afirmación mas que si existe la posibilidad de confrontar la inteligencia del hombre con el mundo exterior, con la realidad objetiva. Pero ya hemos visto que Hume, en principio, niega la posibilidad de esta confrontación. El agnosticismo, por consiguiente, hace el juego a la reacción, al clericalismo. El agnosticismo socava las bases de todo pensamiento auténticamente científico. Sólo reconoce las sensaciones y no pasa más allá de dichas sensaciones. Niega toda posibilidad de conocer el mundo exterior, objetivo, y esta negación es incompatible en absoluto con la ciencia.

Cuando después de la derrota de la revolución de 1905 en Rusia, los agnósticos e idealistas subjetivos domésticos, Bogdanov, Basarov y otros, ocultándose tras de la pantalla del «empiriocriticismo» y «empiriomonismo», abrieron la cruzada contra el materialismo dialéctico, y so pretexto de corregir y completar el marxismo, trataron de introducir los viejos trastos burgueses del agnosticismo, Lenin, en su libro *Materialismo y empiriocriti-*

---

9 Ibid., p. 123.

cismo, hizo una crítica despiadada del agnosticismo y demostró cómo el materialismo dialéctico resuelve positivamente el problema de si son o no son capaces nuestros sentidos, nuestro conocimiento, de ser un fiel reflejo de la realidad.

Lenin veía la diferencia fundamental entre el materialismo dialéctico y el agnosticismo en que el primero, a diferencia del segundo, *reconoce la realidad objetiva como fuente de nuestras sensaciones y las considera como reflejos fieles de la realidad.* Tanto el materialista como el agnóstico admiten que nuestros conocimientos provienen de la experiencia, de las sensaciones. Pero el agnóstico no reconoce nada fuera de los límites de las sensaciones. No ve, ni quiere ver, que las sensaciones son el resultado de la acción del mundo exterior, de las «cosas en sí», sobre nuestros sentidos. En cambio, el materialismo dialéctico no se detiene en las sensaciones. Reconoce la existencia de un mundo exterior objetivo que, actuando sobre nosotros, provoca nuestras sensaciones y percepciones: «Así pues, el materialista, –dice Lenin– afirma la existencia y la cognoscibilidad de las cosas en sí. El agnóstico ni siquiera admite la idea de las cosas en sí, declarando que no podemos conocer a ciencia cierta nada de ellas».[10]

De esta manera, a diferencia de los agnósticos, el materialismo dialéctico responde afirmativamente a la pregunta de si nuestras representaciones y conceptos sobre la realidad pueden ser su fiel reflejo. Los conceptos y las representaciones del hombre, si son exactos, son reflejos espejados, copias, retratos de las cosas, del mundo objetivo. Sólo desde el punto de vista de la incognoscibilidad de las cosas se puede afirmar que nuestras sensaciones no son más que un símbolo, un jeroglífico, un distintivo impreciso del mundo exterior. Al conocer el mundo exterior no recibimos en realidad la similitud abstracta de este mundo, sino su reflejo cierto, su copia.

Cuando observamos un árbol, por ejemplo, nuestras sensaciones y representaciones acerca de él ¿no son acaso el reflejo del árbol real, objetivo, fuente de nuestras representaciones? Cuando, por ejemplo, estudiamos las peculiaridades del fuego

---

10 Ibid., p. 110.

¿no nos dan acaso esos estudios un reflejo fiel de dichas peculiaridades?

Chernishevski refutó brillantemente a los «naturalistas simplistas» que, atosigados con la lectura de los idealistas, anunciaban: «No conocemos los objetos tal como son en sí, tal como son en realidad, sino tan sólo nuestras sensaciones de los objetos, nuestra actitud frente a los objetos». Chernishevski cita un ejemplo sencillo:

> Estamos viendo algo, supongamos, un árbol. Otro hombre mira el mismo objeto. Fijémonos en sus ojos, en los cuales el árbol se refleja por completo tal como lo vemos nosotros. ¿Y, entonces? Dos cuadros completamente iguales: uno lo vemos directamente, el otro, en los espejitos de los ojos de ese hombre. Este segundo cuadrito es una fiel copia del primero [...] El original y la copia son iguales: nuestras sensaciones son iguales a las copias [...] Vemos los objetos tal como en realidad existen[11].

Pero el agnóstico no quiere tomar en consideración estos argumentos. Sostiene lo suyo: no podemos saber cómo son las cosas en sí mismas. El agnóstico dice: Bien, admitamos que los materialistas tienen razón. Admitamos que la realidad objetiva es la fuente de las sensaciones, pero permítanme hacerles una pregunta: ¿sobre qué base reconocen Uds. que sus sensaciones y nociones corresponden al mundo exterior, que son su preciso reflejo? Puesto que lo único que tienen es la percepción, ustedes no pueden establecer la conexión, el contacto entre sus sensaciones y el mundo objetivo.

A estas preguntas, con las que el agnóstico cree haber colocado una barrera infranqueable para el materialismo, el dialéctico materialista contesta: *La piedra de toque para la verificación de la veracidad de muestras sensaciones y nociones, es la práctica, la actividad práctica de la humanidad.* A través de la actividad, de la práctica, comprobamos si nuestros conocimientos reflejan de una manera exacta o inexacta las cualidades de las cosas.

---

11 Chernishevski, N. G., (1938), *Obras filosóficas escogidas*, Editorial Estatal Social-Económica, p. 536. [En ruso].

Desde el momento en que aplicamos estas cosas, con arreglo a las cualidades que percibimos en ellas, a nuestro propio uso, sometemos las percepciones de nuestros sentidos a una prueba infalible en cuanto a su exactitud o falsedad. Si estas percepciones fuesen falsas, lo sería también nuestro juicio acerca de la posibilidad de emplear la cosa de que se trata, y nuestro intento de emplearla tendría que fracasar forzosamente. Pero si conseguimos el fin perseguido, si encontramos que la cosa corresponde a la idea que nos formábamos de ella, que nos da lo que de ella esperábamos al emplearla, tendremos la prueba positiva de que, *dentro de estos límites*, nuestras percepciones acerca de esta cosa y de sus propiedades coinciden con la realidad existente fuera de nosotros[12].

En demostración de este pensamiento, Engels cita el siguiente ejemplo: El sistema de Copérnico, quien descubrió que la tierra no está en el centro del universo, sino que gira alrededor del sol, continuó siendo durante tres siglos una hipótesis, una conjetura, cuya veracidad se podía refutar o afirmar. Pero cuando el sabio Leverrier, guiándose por este sistema, no sólo demostró que existía otro planeta desconocido hasta entonces, Neptuno, sino que calculó el lugar en que dicho planeta debía encontrarse en el firmamento, y cuando otro sabio Galle, descubrió después efectivamente este planeta, el sistema de Copérnico, dice Engels, quedó demostrado. La práctica confirmó y demostró su veracidad.

Lo mismo ocurrió con la teoría del comunismo científico de Marx y Engels. Durante un largo período, la teoría del marxismo acerca de la inevitable desaparición del capitalismo y el triunfo de la sociedad socialista era una conjetura teórica. Había no pocos aficionados que afirmaban que esta teoría era irrealizable, que no correspondía a la realidad, etc. Pero cuando los obreros y campesinos rusos terminaron prácticamente con el régimen de miseria y de opresión, y realizaron los grandes ideales del marxismo, la teoría del comunismo científico quedó prácticamente demostrada.

Se puede mencionar otro ejemplo. Ya en la primera mitad del siglo XIX los socialistas utópicos señalaron que el régimen capita-

---

12 Engels, F., (1973), «*Del socialismo utópico al socialismo científico*», en *Obras Escogidas*, vol. III, Editorial Progreso, p. 105.

lista había de ceder su lugar al régimen socialista. Pero los métodos que propusieron a la humanidad para esa reconstrucción de
la sociedad nada tenían de común con los que se desprenden de
la doctrina de Marx y Engels. Los jefes de proletariado señalaron
que sólo la revolución violenta destruiría el régimen capitalista
y crearía las condiciones para la construcción de la nueva sociedad. Los socialistas utópicos cifraban sus esperanzas en la razón
del hombre ilustrado que lleva a cabo sus planes. La práctica de
la evolución social ha demostrado de parte de quién estaba la razón. Por consiguiente, nada hay insuperable en la pregunta que
formulan los agnósticos acerca de dónde radica la certeza de la
veracidad de nuestras sensaciones. Esta certeza, como hemos
visto, radica en la actividad práctica de los hombres.

Así pues, el problema supremo de la filosofía –el problema
de la relación entre el pensar y el ser y de la cognoscibilidad del
mundo– es resuelto por los materialistas de una manera, y otra
distinta por los idealistas. Son dos campos irreconciliables, que
a lo largo de toda la historia de la filosofía mantuvieron y siguen
manteniendo entre sí una lucha encarnizada. Muchos siglos
abarca esta lucha entre el materialismo y el idealismo. Ya en el
propio comienzo, en la cuna del desarrollo de la filosofía, en la
Grecia antigua, existía la tendencia materialista a la vez que la
idealista. Toda la historia posterior de la filosofía sigue siendo la
historia de la lucha entre el materialismo y el idealismo.

Sería injusto pensar que se trata de una lucha del pensamiento
«puro», una lucha que no tiene relación alguna con los intereses
sociales, con los problemas básicos de la lucha político-social. En
realidad, la lucha entre el materialismo y el idealismo fue siempre
y sigue siendo la expresión de la lucha entre las clases. Tras los
dos campos filosóficos están las clases antagónicas en lucha por
las cuestiones más fundamentales de la economía y de la política.

En las palabras finales de su libro *Materialismo y Empiriocriticismo*, Lenin escribe que el empiriocriticismo, esto es, una de las
variantes del idealismo, tiene un carácter clasista definido.

En cuarto lugar, detrás del escolasticismo gnoseológico del empiriocriticismo no se puede menos de ver la lucha de los partidos en

filosofía, lucha que expresa, en última instancia, las tendencias y la ideología de las clases enemigas dentro de la sociedad moderna. La filosofía contemporánea es tan partidista como la filosofía de hace dos mil años. En realidad –una realidad tapada con nuevos rótulos doctocharlatanescos o con una mediocre imparcialidad política–, los partidos en lucha son el materialismo y el idealismo. Este último no es más que una forma acendrada, refinada, del fideísmo, que apresta todas sus armas, dispone de muy vastas organizaciones y sigue influyendo sin cesar en las masas, sacando provecho de la menor vacilación del pensamiento filosófico. El papel objetivo, de clase, del empiriocriticismo se reduce por completo a servir a los fideístas en su lucha contra el materialismo en general y contra el materialismo histórico en particular[13].

De esta manera, la lucha entre el materialismo y el idealismo es la lucha entre dos campos filosóficos, detrás de los cuales se hallan las diversas clases.

3

La filosofía idealista está siempre vinculada a la religión, al clericalismo, de una u otra manera es siempre reaccionaria, defiende la causa de las clases reaccionarias. El idealismo filosófico conduce inevitablemente al clericalismo, es el camino seguro hacia el obscurantismo religioso. En lo principal, en lo fundamental, el idealismo y la religión son idénticos, iguales. Tanto el idealismo como el clericalismo parten del supuesto de que antes que todo existe la idea, el espíritu, Dios; y que el mundo material es sólo el producto de la idea, de Dios, del ser supremo. En este aspecto no hay ninguna diferencia sustancial entre los filósofos idealistas y los curas más francos. Solamente que los filósofos idealistas encubren sus ideas clericales reaccionarias bajo diversas palabras que no tienen otra finalidad que engañar a la gente.

Todos los idealistas, los filosóficos como los religiosos, los antiguos al igual que los modernos, creen en inspiraciones, en revelaciones,

---

13 Lenin, V. I., «Materialismo y empiriocriticismo», op. cit., p. 398.

en redentores y en taumaturgos, y solo depende del grado de su cultura el que esta fe sea una fe tosca, religiosa, o revista una forma culta, filosófica, del mismo modo que solo depende de su grado de energía, de su carácter, de su posición social, etc.[14]

Los idealistas de todos los matices y género odian al materialismo, combaten contra la ciencia por todos los medios para dejar libre el sitio a Dios, al «creador supremo». El filósofo Kant declaró sin rodeos que había limitado los conocimientos, la ciencia, para dejar lugar a la fe, a Dios. También Hegel trató de teñir a los materialistas de idealistas, y maltrató (en todas formas) a los representantes del materialismo. Después de leer a Hegel, Lenin hace notar en su resumen de las obras filosóficas hegelianas los casos de semejante mal trato. Y escribe: «Hegel *behandelt* [trata] a Demócrito muy *stiefmütterlich* [como una madrastra] ¡El idealista no puede tolerar el espíritu del materialismo!»[15]. A propósito de las palabras de Hegel sobre Epicuro, filósofo materialista de la Grecia antigua: «En Epicuro no hay... objetivo en el mundo, ni sabiduría de un creador»; Lenin hace notar: «¡se apena por Dios! ¡el pillastre idealista!»[16]. El idealismo filosófico sirve de base al clericalismo, apoya sus propósitos reaccionarios de limitar la ciencia, de suplantarla por la religión.

De ello no se debe sacar la deducción, por cierto, de que todos los idealistas, sin excepción, son reaccionarios, que no han hecho nada por la ciencia, que no hay que estudiarlos, etc. Así, por ejemplo, la filosofía clásica alemana del siglo XIX expresaba, aunque en una forma muy contradictoria, las aspiraciones progresivas de su tiempo. Hay idealistas que han hecho mucho por el desarrollo de la ciencia. Pero en este caso, queriendo o sin querer, frecuentemente actuaron como materialistas. El mismo Kant hizo mucho en favor del desarrollo de la ciencia de las leyes de la formación del sistema solar. Pero en las obras de Kant donde expone su teoría del cielo no hay, sustancialmente, lugar

---

14 Marx, K. y Engels, F., (2014), *La ideología alemana*, Akal, p. 484.

15 Lenin, V. I., (1986), «Cuadernos filosóficos», en *Obras Completas*, vol. XXIX, Editorial Progreso, p. 238. [Trad. del Ed.]

16 Ibid., p. 266.

para el «sabio creador», aunque le menciona muy a menudo. En esas obras se descubren las leyes objetivas del mundo material. Hegel hizo mucho por el desarrollo del método dialéctico. Pero en su dialéctica, según señala Lenin, sólo adivinó genialmente las leyes del desarrollo de las cosas materiales objetivas, de los fenómenos de la naturaleza; se apoyó en la dialéctica del mundo objetivo. De otra manera no hubiera podido dar ni un solo paso en la teoría de la dialéctica.

Pero, en general, la filosofía idealista es reaccionaria en sus principios, puesto que frena el desarrollo de la ciencia, sobre todo de la ciencia de la naturaleza. Donde impera el idealismo filosófico las condiciones para el desarrollo de las ciencias naturales son muy desfavorables. En la Edad Media, cuando el idealismo era la filosofía dominante, el desarrollo de la ciencia se efectuó con mucha mayor lentitud que en cualquier otro de los períodos históricos. En los países capitalistas imperan también ahora las formas más reaccionarias y abominables del idealismo, y en algunos de ellos la ciencia es perseguida con la misma saña que durante la Edad Media[17].

El papel del idealismo filosófico es particularmente reaccionario también en lo que se refiere a la ciencia sobre la sociedad, sobre la historia de la sociedad. La filosofía idealista socava todo fundamento real de una interpretación auténticamente científica de la historia. El idealismo filosófico, aplicado a la historia,

---

17 TR: La tan extendida idea de la Edad Media como un milenio oscuro y pobre, de asfixiante coerción intelectual, tiene su parte de verdad, pero es una imagen que la historiografía actual ha rechazado como una exageración o lugar común mayormente falso. La Edad Media comprende temporalmente todo un milenio y espacialmente áreas culturales y sociedades muy diversas, por lo que es atrevido enjuiciar a la Edad Media en estos términos, tal como hace Rosental y buena parte de la historiografía. Como nos señalan Carlos Solís y Manuel Sellés en su inmensa *Historia de la ciencia*, algunos de los episodios de represión intelectual más conocidos, como la ejecución de Giordano Bruno o el encarcelamiento de Galileo, se dan en la Edad Moderna, como también las famosas hogueras de la Inquisición prendieron mayormente en el mundo moderno. Cabe decir, por contra, que fue durante la Edad Media cuando surgieron las universidades y se extendieron saberes racionales como la filosofía, las matemáticas o la medicina al funcionamiento del orden social más allá de las aficiones o intereses suntuarios de unos pocos.

a la sociedad, supone que la conciencia social, las ideas de los hombres son lo primario, y las condiciones materiales de existencia de la sociedad, las condiciones de producción, etc., son lo secundario, derivado de la conciencia.

Por eso, como norma, el idealismo niega la existencia de las leyes objetivas por las que se rigen la vida social y la evolución de la sociedad. Desde el punto de vista del idealismo la existencia social es determinada por las ideas, y no al revés. Pero, puesto que existen muchos hombres, hay también muchas ideas de las más variadas orientaciones. Debido a ello, en opinión de la mayoría de los idealistas, en la sociedad reina la casualidad, la sorpresa. Pero el conocimiento sólo se convierte en ciencia cuando descubre las leyes del desarrollo, las leyes que existen independientemente de la conciencia de los hombres. Desde el punto de vista del idealismo, tales leyes no existen en general.

Si la conciencia, las ideas, como afirman los idealistas, son primarias, y la existencia social, secundaria, de aquí se desprende que una u otra forma de la sociedad no depende de las circunstancias objetivas, sino del deseo de los hombres, de su inteligencia o ignorancia: los hombres viven bien cuando sus grandes o ilustres personalidades engendran buenas y sabias ideas y las realizan; por el contrario, los hombres viven mal cuando sus personalidades ilustres se inclinan hacia ideas no buenas, o cuando los hombres malos impiden al buen rey o al buen gobernante realizar grandes ideas. Resulta así que la historia se basa en la conciencia, en la moral, en los sentimientos de los hombres inteligentes o no, de los buenos o de los malos. Esta es toda la «sabiduría» del idealismo filosófico aplicado a la historia, a la sociedad.

Para consolidar su posición, las clases explotadoras se valen de las interpretaciones idealistas de la historia. No les conviene la interpretación científica de las leyes objetivas por las que se rige la evolución social, puesto que la ciencia demuestra su muerte inevitable. Marx escribía que los auxiliares estudiosos de la burguesía temen penetrar en la esencia de las cosas, para no llegar a un resultado poco plausible desde el punto de vista político.

Después de la aparición de *El Capital* de Marx los sabios burgueses que al principio silenciaron la obra, luego alzaron el grito contra ella. Y se comprende, ya que Marx descubrió en *El Capital* las leyes objetivas del desarrollo y de la muerte del capitalismo, con su doctrina Marx pertrechó al proletariado combatiente con una poderosa arma de lucha contra la burguesía.

También hacen el juego a las clases explotadoras los que proclaman de palabra sus ideales «socialistas» y en la actividad práctica se guían por los principios de la filosofía idealista. En el *Compendio de Historia del PC(b) de la URSS* se señala:

> El fracaso de los utopistas, incluyendo entre ellos los populistas, los anarquistas y los social-revolucionarios se explica, entre otras razones, porque no reconocían la importancia primaria de las condiciones de vida material de la sociedad en cuanto al desarrollo de esta, sino que, cayendo en el idealismo, erigían toda la actuación práctica, no sobre las exigencias del desarrollo de la vida material de la sociedad, sino independientemente de ellas y en contra de ellas; sobre «planes ideales» y «proyectos universales», desligados de la vida real de la sociedad[18].

Los socialistas utópicos criticaban duramente el régimen capitalista. Pusieron al desnudo los defectos del capitalismo, que condena a las masas populares a la ruina, a la miseria, al hambre y a la ignorancia. Los utopistas maldecían la sociedad capitalista y edificaban múltiples proyectos para salvar a la humanidad de la úlcera del capitalismo. Pero, como idealistas, creían que era suficiente idear un buen plan de orden social ideal y persuadir a los gobernantes para que lo realizaran y destruir así todos los horrores del régimen capitalista. Apartándose del movimiento histórico, real, los utopistas no veían ni comprendían que es en la propia realidad, sobre la base de las contradicciones existentes entre las fuerzas productivas y las relaciones de producción de la sociedad capitalista, donde maduran las fuerzas que han de destruir el capitalismo y crear la sociedad Socialista.

Marx escribió en 1847 una de sus más brillantes obras, *Miseria de la Filosofía*, en la que somete a una severa crítica los «re-

---

18 *Historia del PC(b) de la URSS*, op. cit., p. 184.

medios salvadores» de Proudhon, utopista pequeñoburgués que creó uno de los múltiples «planes ideales» para salvar a la humanidad de la explotación capitalista. Y demostró que el utopismo de semejantes planes tiene como punto de origen el idealismo filosófico. En la carta a P. V. Annenkov, Marx resume de esta manera su crítica a Proudhon:

> En vez del gran movimiento histórico que brota del conflicto entre las fuerzas productivas ya alcanzadas por los hombres y sus relaciones sociales, que ya no corresponden a estas fuerzas productivas; en vez de las guerras espantosas que se preparan entre las distintas clases de una nación y entre diferentes naciones; en vez de la acción práctica y violenta de las masas, la única que puede resolver estos conflictos; en vez de este movimiento vasto, duradero y complicado, el señor Proudhon pone el detestable movimiento de su cabeza (*la mouvement cacadauphin*). Así son los sabios, los hombres capaces de sorprender los pensamientos recónditos de Dios, los que hacen la historia. A la gente menuda solo le toca poner en práctica sus revelaciones[19].

La suplantación del movimiento histórico real por el movimiento de las ideas en la conciencia es el principio fundamental de la interpretación idealista de la historia.

La actuación práctica de los populistas, social-revolucionarios y anarquistas rusos puede también servir de ejemplo de esterilidad y nocividad de la interpretación idealista de la historia. Su método predilecto de lucha contra la autocracia fue el terror individual, el asesinato de representantes aislados de la autocracia zarista. Los resultados de la aplicación de este método no podían ser más deplorables: en lugar de un sátrapa zarista asesinado se alzaban otros, no menos feroces. Este método desvió de las tareas indispensables para la lucha revolucionaria, frenó el desarrollo del movimiento revolucionario de masas.

No es difícil comprender que el método de terror de los populistas surgía lógicamente de su interpretación idealista de la historia. Puesto que tanto esta o cualquier otra forma social depen-

---

19 Marx, K. y Engels, F., (2022), «Marx a Pavel Vasilievich Ánnenkov», en *Obras escogidas*, vol. I, Ediciones Tinta Roja, p. 467.

de de una personalidad ilustre, de sus buenos deseos; la tarea consiste en quitar de en medio al hombre que tiene malas intenciones y colocar en su lugar a un hombre de buenas intenciones. La historia, según ellos, la hacen las personalidades ilustres, los «héroes»; la masa popular no es más que una «multitud» pasiva. El materialismo filosófico marxista conduce a resultados completa y directamente opuestos en la ciencia sobre la naturaleza y la sociedad.

En su desarrollo histórico, la filosofía materialista ha sufrido diversas alteraciones. Con cada nuevo gran descubrimiento en el estudio de la naturaleza, el materialismo filosófico cobra una nueva forma. El materialismo, por oposición al idealismo, fue un enorme factor progresivo en el desarrollo de las ciencias naturales. No se concilia con el clericalismo, lucha contra la superstición y el oscurantismo, y hace avanzar a la ciencia.

Ya en la Grecia antigua el materialismo filosófico era la fuente del desarrollo de los conocimientos sobre la naturaleza y sobre las leyes que la rigen. Los nombres de los filósofos materialistas de la Grecia antigua, Demócrito, Epicuro, resplandecen en la constelación de los más grandes pensadores del mundo que hicieron progresar el pensamiento científico. Después de la Edad Media, cuando comenzó un nuevo período en el desarrollo de la ciencia que enriqueció a la humanidad con importantes descubrimientos e investigaciones, el movimiento científico marchaba de nuevo bajo la bandera del materialismo filosófico. La ciencia alcanzó los más grandes éxitos sólo gracias a que rechazaba la escolástica y la logomaquia idealistas, colocando en su lugar el estudio materialista, experimental, de la naturaleza, la investigación de los fenómenos de la naturaleza.

Un enorme valor para el progreso del pensamiento humano, para el triunfo de la ciencia y del conocimiento científico sobre el idealismo religioso y filosófico, tienen los materialistas franceses del siglo XVIII, Holbach, Helvecio, Diderot y otros. En su lucha contra la sociedad feudal, de servidumbre, defendieron ardientemente el materialismo, la ciencia; se manifestaron duramente contra la ideología medieval, contra la religión; ridiculizaron maliciosa e implacablemente al clericalismo, fueron partidarios del progreso de la ciencia. A lo largo de toda la historia moderna de Europa, la evolución del pensamiento está vinculada al materialismo filosófico.

Cierto es que entre los materialistas hubo también hombres que no hicieron más que desacreditar la línea materialista en filosofía. Tales fueron, por ejemplo, los materialistas vulgares del siglo XIX, Buchner, Vogt y otros, que no concedían ningún papel a las ideas y a la conciencia, interpretando de manera vulgar el materialismo filosófico. Pero esto no excluye, ni mucho menos, que en la historia moderna de Europa haya sido precisamente el materialismo la bandera del progreso de la ciencia. Lenin aprecia de esta manera el valor del materialismo de aquel periodo:

> A lo largo de toda la historia moderna de Europa, y especialmente a fines del siglo XVIII, en Francia; donde se libró la batalla decisiva contra toda la basura medieval, contra el feudalismo en las instituciones y en las ideas, el materialismo demostró ser la única filosofía consecuente, fiel a todos los principios de las ciencias naturales, hostil a la superstición, a la hipocresía, etc. Por eso, los enemigos de la democracia trataban con todas sus fuerzas de «refutar», de minar, de calumniar el materialismo, y defendían las diversas formas del idealismo filosófico, que se reduce siempre, de un modo o de otro, a la defensa o al apoyo de la religión[20].

Extraordinariamente importante es la observación de Lenin, en el sentido de que los enemigos de la democracia se manifestaron siempre contra el materialismo. Los enemigos de la democracia siempre procedieron contra la ciencia, contra el desarrollo del pensamiento humano, en el que veían un profundo y serio peligro para la sociedad explotadora. En su lucha contra la democracia se apoyaban y se apoyan en el idealismo filosófico, que les da la posibilidad de predicar la «teoría» de la eternidad del régimen de explotación, establecido por Dios, de la inviolabilidad sagrada de la propiedad privada. Por el contrario, los representantes del progreso social –por ejemplo, en la época de la preparación de la Revolución burguesa francesa de 1789– luchaban contra toda clase de oscurantismo bajo la bandera del mate-

---

20 Lenin, V. I., «Tres fuentes y tres partes integrantes del marxismo», op. cit, p. 42.

rialismo filosófico. El materialismo suministró a los partidarios de la democracia la posibilidad de demostrar la falsedad de la afirmación de los ideólogos feudales sobre la existencia eterna de la sociedad feudal; dio el fundamento para la creación de la teoría democrática sobre el hombre, sobre las condiciones de su existencia, sobre los medios de cambiar su vida.

El materialismo filosófico fue la base para el desarrollo de la ciencia. No por casualidad fueron materialistas espontáneos muchos de los más grandes naturalistas. Al enfrentarse a la naturaleza, la abordaron y la interpretaron tal como ella existe en realidad, objetivamente, sin ninguna mezcla de fantasmagoría idealista. Este es un hecho más en favor de la afirmación de que no es posible hacer avanzar la ciencia, si no se es filósofo materialista.

El materialismo alcanza su forma suprema en la doctrina filosófica de Marx. Lenin escribía: «La filosofía de Marx es el materialismo filosófico acabado, que ha dado una formidable arma de conocimiento a la humanidad y, sobre todo, a la clase obrera»[21].

El materialismo anterior a Marx, de una u otra manera, fue un materialismo limitado. Ante todo, fue un materialismo *metafísico*, antidialéctico. No concebía los fenómenos de la naturaleza y de la sociedad en su conexión, evolución y transformación. Por el contrario, los fenómenos eran tomados como estables, dados de una vez para siempre, como desarrollándose sólo en un círculo inmutable que se repite incesantemente.

Marx y Engels, utilizando y reelaborando críticamente lo más valioso que había en la dialéctica de Hegel, elevaron el materialismo al nivel del materialismo dialéctico. Por oposición a los materialistas metafísicos, los materialistas dialécticos no conciben la naturaleza y la sociedad «como algo quieto e inmóvil, estancado e inmutable, sino como algo sujeto a perenne movimiento y a cambio constante, como algo que se renueva y se desarrolla incesantemente y donde hay siempre algo que nace y se desarrolla y algo que muere y caduca»[22].

---

21 Ibid. p. 45.

22 *Historia del PC(b) de la URSS*, op. cit., p. 122.

El materialismo filosófico marxista considera la materia, la naturaleza, como una realidad objetiva, como lo primario. La materia, a su vez, es inseparable del movimiento. El movimiento es la forma de ser de la materia, la forma de su existencia; todo el proceso histórico del desarrollo de la naturaleza es el proceso de desarrollo de la materia, su tránsito de una forma de movimiento a otra. El propio raciocinio del hombre no es más que un producto de este proceso histórico de evolución de la materia, producto de la materia altamente organizada.

El materialismo filosófico marxista es la única base científica para el desarrollo de las ciencias naturales; pero este materialismo se diferencia del que precedió a Marx, y no sólo por su punto de vista dialéctico sobre la naturaleza. Todas las formas anteriores del materialismo coincidían en una concepción idealista de la sociedad, de las leyes por las que se rige su evolución. Los viejos materialistas, aun siéndolo en sus puntos de vista sobre la naturaleza, eran idealistas en el terreno de los problemas sociales.

Así, por ejemplo, los mismos materialistas franceses del siglo XVIII, que consideraban que el hombre, su conducta y su moralidad, dependen del medio social, partían de la base de que sólo la idea de una «sociedad racional», de una «sociedad justa», es capaz de cambiar la situación existente y crear nuevas condiciones para la vida social. Eran idealistas en cuanto a las leyes que rigen la vida social. Marx y Engels extendieron también el materialismo filosófico al campo de la evolución social: «Marx profundizó y desarrolló el materialismo filosófico, lo llevó a su término e hizo extensivo su conocimiento de la naturaleza al conocimiento de la *sociedad humana*»[23].

La aplicación a la sociedad del principio fundamental del materialismo de que lo primario es la materia, significa que también las condiciones materiales de la vida de la sociedad son primarias, básicas, y las ideas sociales sólo son el reflejo de estas condiciones. Aplicando consecuentemente este principio a la sociedad, Marx y Engels realizaron la más grande revolución en la ciencia. Dotaron a la humanidad, y en primer lugar a la

---

23 Lenin, V. I. «Tres fuentes y tres partes integrantes del marxismo», op. cit, p. 45.

clase obrera, de una teoría auténticamente científica sobre la evolución social. Pulverizaron la mística idealista, que hacía a la sociedad dependiente de casualidades, de las ideas del «gran hombre» y negaba la existencia de leyes objetivas por las que se rige su evolución.

Los hombres, las nuevas generaciones –enseñaron Marx y Engels–, siempre encuentran preexistiendo las condiciones de su vida material. Estas condiciones materiales, o el modo de producción de los bienes materiales, son los que determinan toda la fisonomía de la vida de los hombres: sus relaciones sociales, la forma política de la sociedad, su conciencia y sus ideas. La evolución y la transformación de las condiciones materiales de la vida conducen también inevitablemente al cambio de las relaciones sociales, de todas las superestructuras políticas e ideológicas. En el seno de la vieja sociedad se preparan y maduran las condiciones para el cambio de las relaciones sociales existentes, para el tránsito a la nueva sociedad. Las causas de este tránsito,no son la idea, ni la razón, sino el cambio producido en las fuerzas productivas, su progreso.

De esta manera, en el desarrollo de la sociedad existen leyes objetivas férreas que se realizan con una necesidad natural. Precisamente, estas leyes objetivas son las que crean la posibilidad de la acción consciente de los hombres. Sin la existencia de dichas leyes, el individuo, las clases y los partidos, no hubieran podido actuar conscientemente. Sólo el conocimiento de las leyes de la sociedad suministra a las clases combatientes el arma más eficaz de la lucha consciente, de la acción revolucionaria consciente.

> Esto quiere decir que, en política, para no equivocarse y no convertirse en una colección de vacuos soñadores, el Partido del proletariado debe tomar como punto de partida para su actuación, no los «principios» abstractos de la «razón humana», sino las condiciones concretas de la vida material de la sociedad, que constituyen la fuerza decisiva del desarrollo social; no los buenos deseos de los «grandes hombres», sino las exigencias reales impuestas por el desarrollo de la vida material de la sociedad[24].

---

24 *Historia del PC(b) de la URSS*, op. cit., p. 134.

Citaremos un ejemplo de cómo el Partido Bolchevique, en su actuación práctica, se guía por las conclusiones fundamentales del materialismo filosófico. En el *Compendio de Historia del PC(b) de la URSS* se señala que durante el período de la colectivización en masa se cometieron en algunos lugares ciertas desviaciones.

> Faltando a la norma del Comité Central, según la cual el eslabón fundamental del movimiento koljosiano era el artel agrícola, en el que solamente se colectivizan los medios básicos de producción, había una serie de localidades en las que atolondradamente se saltaba por encima del artel a la comuna y se implantaba la colectivización de las viviendas, del ganado lechero y menor, no destinado al mercado, de las aves de corral, etc[25].

El Partido y el camarada Stalin señalaron que no se puede decretar e implantar la comuna desde arriba, que la forma fundamental del movimiento koljosiano en dicha etapa es el artel agrícola; que el tiempo de la comuna, es decir, el de la forma suprema del movimiento koljosiano, aún no había llegado. En su lucha contra la suplantación del artel por la comuna, el Partido actuó, no por razones de ciertos «principios de la razón humana», abstractos, según los cuales el artel, supongamos, es mejor que la comuna. El Partido tomó como punto de partida el importante principio del materialismo filosófico marxista-leninista, según el cual las condiciones concretas de la vida material de la sociedad, las necesidades del desarrollo de la vida material, constituyen la fuerza decisiva de la sociedad. Esta fuerza decisiva es, precisamente, la que determinó *objetivamente* que el artel agrícola fuera la *forma principal* del movimiento koljosiano de dicha etapa. Sobre la base del estado en que se hallaban las fuerzas productivas, sólo el artel agrícola podía ser la forma principal del movimiento koljosiano. Sólo esta forma correspondía a las condiciones materiales existentes, sólo ella fue originada por las necesidades reales del desarrollo de la vida material de la sociedad soviética.

Para transformar la comuna en la forma predominante del actual movimiento koljosiano no existen todavía hoy suficien-

---

25 Ibid., p. 359.

tes condiciones objetivas, es decir, condiciones materiales. La comuna se diferencia del artel en que, en la primera, no sólo están socializados los medios fundamentales de producción, sino también la distribución, la manera de vivir. El nacimiento de esta forma suprema del movimiento koljosiano no puede ser facilitado por los «principios de la razón humana», sino por el desarrollo real de las fuerzas productivas y de la técnica, ante todo.

> La futura comuna –dijo el camarada Stalin en su informe ante el XVII Congreso del Partido– surgirá del artel desarrollado y próspero. La futura comuna agrícola surgirá cuando en los campos y en las granjas del artel abunden los cereales, el ganado, las aves, las legumbres y todos los demás productos; cuando se organicen, junto a los arteles, lavaderos mecánicos, cocinas y comedores modernos, panaderías mecanizadas etc.; cuando el koljosiano vea que le resulta más beneficioso recibir carne y leche de la granja que mantener su vaca y su ganado menudo; cuando la koljosiana vea que le conviene más almorzar en el comedor, comprar el pan de la panadería y recibir la ropa lavada del lavadero colectivo, que ocuparse ella misma de estas cosas. La futura comuna surgirá sobre la base de una técnica más desarrollada y de un artel más desarrollado, sobre la base de la abundancia de productos[26].

El desenvolvimiento práctico del movimiento koljosiano ha confirmado plenamente la línea del Partido. El artel agrícola, forma asequible para la conciencia de las grandes masas campesinas, ha facilitado y favorece la consolidación de los koljoses, el crecimiento de su bienestar, el desarrollo de sus fuerzas productivas. El artel agrícola prepara manifiestamente las condiciones para el futuro paso a la comuna agrícola. El desarrollo y la consolidación del artel —forma principal del movimiento koljosiano en la etapa actual— es el camino hacia la comuna futura, es decir, hacia una vida de mayor bienestar y de mayor cultura.

---

26 Stalin, I., (1946) *Cuestiones del leninismo*, Ediciones en Lenguas Extranjeras, pp. 465-466.

De esta manera, al señalar el artel agrícola como la forma principal del movimiento koljosiano, el Partido partió y parte del principio de que las condiciones materiales de la vida determinan la forma social, y que esta debe hallarse en consonancia con las fuerzas productivas. En otras palabras, el Partido se basaba en las conclusiones que se deducen del materialismo filosófico marxista-leninista, de la teoría revolucionaria que descubre acertadamente las leyes que rigen la evolución de la sociedad.

Es así como la teoría se convierte en la fuerza más grande del desarrollo social. Vacuas y estériles son las ideas y las teorías que no pisan el suelo firme de las leyes objetivas del desarrollo de la sociedad, que no toman estas leyes como punto de partida.

En cambio, las teorías que reflejan exactamente la marcha objetiva del desarrollo de la sociedad, que se basan en las leyes sociales objetivas, se convierten en una enorme fuerza revolucionaria. Tal es la teoría del marxismo-leninismo, que refleja en toda su profundidad las necesidades que maduran con el desarrollo de la vida material de la sociedad. Por eso, la fuerza de esta teoría es la del propio curso objetivo de la historia. Conocerla, armarse con ella y actuar bajo su bandera, significa realizar lo que imponen esas necesidades que maduran en el proceso histórico, significa triunfar verdaderamente.

Extraigamos ahora, de todo lo dicho, algunas breves conclusiones.

Dos campos fundamentales, dos tendencias fundamentales en la filosofía sostenían y sostienen entre sí una lucha irreconciliable. Estas dos tendencias son el idealismo y el materialismo. Negando la materia, la naturaleza como lo primario, como la fuente de todo lo existente, el idealismo arrinconó al pensamiento humano en el callejón del clericalismo, consagró todo lo reaccionario y lo viejo, luchó contra lo nuevo, lo revolucionario. El marxismo, la doctrina del proletariado revolucionario, dio la victoria definitiva al materialismo filosófico. El materialismo marxista se basa en las leyes objetivas de la naturaleza y de la sociedad. Estudia las leyes particulares de la naturaleza de la sociedad, y sobre la base del conocimiento de dichas leyes, actúa, reconstruye prácticamente el mundo. En esto radica la fuerza más grande del materialismo filosófico marxista-leninista, al aplicarlo a cualquier campo de la ciencia y de la práctica. Una ciencia auténtica, una orientación exacta en las condiciones de la lucha social, no pueden ser alcanzadas más que sobre la base del materialismo filosófico, cuya forma suprema y consecuentemente científica es el materialismo dialéctico de Marx y Engels, de Lenin y Stalin.

1

Hemos visto que el materialismo filosófico marxista, a la inversa que el idealismo, considera material la base del mundo y define la naturaleza, el ser, como lo primario, y la conciencia como lo secundario, derivada de la materia. Tanto la naturaleza como la sociedad se desarrollan de acuerdo a sus propias leyes y no tienen necesidad de ninguna fuerza divina, del «más allá». Desde la nebulosa gaseosa incandescente hasta la formación del sistema solar, desde la simple célula viva, informe, hasta el mundo orgánico de hoy con toda la riqueza de sus formas, incluso el hombre; una sola causa actuó en todo este desarrollo histórico de la naturaleza. Y esta causa es la naturaleza misma, las leyes objetivas del desarrollo de la materia.

Es así como el materialismo da una interpretación y explicación científicas de la naturaleza y de sus fenómenos. Pero es fácil notar que queda aún por resolver toda una serie de problemas. ¿Qué relación existe entre un fenómeno y otro? ¿Existe o no alguna conexión entre ellos? ¿Están condicionados mutuamente o aislados, independientes unos de los otros? El mundo, por su naturaleza, es material. Pero, ¿en qué forma existe, en estado de reposo o de evolución? ¿Se halla en un estado inmutable; dado de una vez para siempre, o se desarrolla eternamente, cambia; progresa de formas inferiores y simples a formas superiores y más complejas? Si la naturaleza no se mantiene estable, sino que evoluciona, ¿cuáles son las leyes de su evolución?

Todos estos problemas requieren una respuesta clara. El carácter de su solución define también nuestra manera de abordar los fenómenos de la naturaleza y de la sociedad, nos da un *método* definido de estudio de estos fenómenos, el método del conocimiento y de la acción práctica.

La dialéctica marxista es precisamente este método, único científico y revolucionario, que da la posibilidad de conocer correctamente la realidad, de orientarse y actuar acertadamente en las condiciones más complejas de la vida social. La dialéctica revolucionaria de Marx y de Engels surgió sobre la base de sintetizar toda la evolución histórica del raciocinio humano y de la práctica social y no hubiera sido posible sin las grandes conquistas obtenidas en el dominio de la ciencia durante el siglo XIX. Tampoco es casual que sus creadores y autores hayan sido los ideólogos y representantes de la clase más revolucionaria, el proletariado. Sólo los representantes de esta clase pudieron extraer todas las conclusiones derivadas de la evolución de las ciencias en el siglo XIX, de la lucha de clases en la sociedad burguesa.

En el transcurso de un largo tiempo, hasta el siglo XIX, en la explicación de las leyes de la naturaleza y de la sociedad, predominaba el método metafísico, que nació y se afianzó en el período de evolución de las ciencias (siglos XV-XVI), cuando se planteaba en primer plano la tarea de la desintegración de la naturaleza en sus diversas partes y el análisis de estas partes aisladas, tomadas fuera de sus conexiones con los demás fenómenos, fuera de su evolución y mutación. Esta fue una fase obligatoria, necesaria, por la que tuvo que pasar la ciencia.

Sin ese análisis, la ciencia no hubiera podido componer un exacto cuadro general del mundo. Pero el modo de investigación de las cosas fuera de sus conexiones con los demás fenómenos, independientemente de su desarrollo, afianzó el hábito de abordarlos ignorando su evolución, su mutación.

Los sabios pensaban en ese entonces que el mundo había surgido de golpe en la misma forma en que existe, que el mundo no sufre alteraciones básicas, y la naturaleza, por consiguiente, no evoluciona; que entre los fenómenos de la naturaleza no hay una conexión interna necesaria, etc. Precisamente entonces también se formó la concepción metafísica del mundo, trasplantada más tarde de las ciencias naturales a la filosofía. El método metafísico, el modo metafísico de discurrir, se convirtió en el método imperante en todos los dominios del conocimiento. En su obra *Del socialismo utópico al socialismo científico*, Engels brindó una caracterización cabal de este método.

> Para el metafísico, las cosas y sus imágenes en el pensamiento, los conceptos, son objetos de investigación aislados, fijos, rígidos, enfocados uno tras otro, cada cual de por sí, como algo dado y perenne. Piensa sólo en antítesis sin mediatividad posible; para él, una de dos: «sí, sí; no, no; porque lo que va más allá de esto, de mal procede». Para él, una cosa existe o no existe; un objeto no puede ser al mismo tiempo lo que es y otro distinto. Lo positivo y lo negativo se excluyen en absoluto. La causa y el efecto revisten, asimismo, a sus ojos, la forma de una rígida antítesis[27].

Pero el pensamiento científico siguió avanzando, se acumularon innumerables hechos nuevos y se hicieron los más grandes descubrimientos, que entraron en contradicción con el método metafísico. A fines del siglo XVIII y en la primera mitad del XIX, la ciencia ya dio un cuadro completamente distinto al del mundo metafísico. Resultó que nuestro planeta, como todo el universo, tiene su larga historia de evolución, que el mundo vivo, orgánico, surgió de la naturaleza muerta, inorgánica; que el hombre no siempre pobló la tierra; que las cosas se hallan en constante proceso de nacimiento y de desaparición.

> La nueva concepción de la naturaleza –escribía con este motivo Engels– hallábase ya trazada en sus rasgos fundamentales: toda rigidez se disolvió, todo lo inerte cobró movimiento, toda particularidad considerada como eterna resultó pasajera, y quedó demostrado que la naturaleza se mueve en un flujo eterno y cíclico[28].

En otras palabras: resultó que la naturaleza no vive, ni mucho menos, según las leyes de la metafísica; que sus leyes tienen otro carácter totalmente distinto, un carácter dialéctico. Pero hubo necesidad de sintetizar todos estos resultados dados por el pro-

---

27 Engels, F., «*Del socialismo utópico al socialismo científico*», op. cit., p. 135.

28 Marx, K., Engels, F., (1973), «Introducción a la "Dialéctica de la naturaleza"», en *Obras Escogidas*, vol. III, Progreso, p. 48.

greso de las ciencias, de crear una nueva concepción científica del mundo que reflejara exactamente las leyes de la evolución del mundo objetivo.

¿Quién podía hacerlo? La burguesía, que fue una clase revolucionaria durante su lucha contra el feudalismo, después de negar al poder, se convirtió en contrarrevolucionaria. Ahora tenía interés en afianzar su reino para siempre y convencer a las masas populares de que el régimen burgués es el más natural y racional. La metafísica dio la fundamentación teórica de estas pretensiones de la burguesía sobre la eternidad e inmutabilidad de su régimen. Por eso, obligada por sus intereses vitales la burguesía tuvo que preconizar la metafísica como el método de conocimiento más científico.

Sólo la clase obrera, que ya a mediados del siglo XIX actuó como clase revolucionaria contra la burguesía, y contra todas las fuerzas del viejo mundo, sólo ella, que jamás y en modo alguno está interesada en ocultar y desfigurar el auténtico cuadro del mundo, pudo dar ideólogos que supieron realizar un cambio revolucionario en la ciencia. Fueron Marx y Engels. Ellos sintetizaron los resultados de muchos siglos de evolución del conocimiento; descubrieron las leyes de la evolución social, destruyeron el método metafísico hasta sus cimientos y crearon el método dialéctico, la teoría dialéctica de la evolución.

2

El método dialéctico es fundamentalmente opuesto al método metafísico. Uno de los principios básicos de la metafísica es su negación de las conexiones universales y de la interdependencia entre los fenómenos de la naturaleza. Los metafísicos consideran cada objeto, cada fenómeno, aisladamente, independientemente de otros objetos, de otros fenómenos. Ven objetos aislados, pero no ven su conexión mutua, no ven que éstos se condicionan unos a otros, influyen unos sobre otros. Por eso, desde el punto de vista del metafísico, los objetos deben ser investigados uno tras otro e independientemente.

Así, por ejemplo, en el siglo XVIII, al estudiar el mundo de los animales y vegetales, los sabios estimaban que las múltiples y variadas especies de los animales y vegetales se forjaron de golpe en especies hechas de una vez para siempre. La existencia de seres orgánicos no se consideraba en relación a las condiciones naturales que les rodeaban, ignorándose también el estrecho lazo y la acción mutua existentes entre los propios animales y los vegetales. En cuanto al hombre, este ser supremo poseedor de conciencia, le negaban todo vínculo con el resto del mundo de los animales, vínculo que demostraría que el hombre procede también de ese mundo.

Los metafísicos no veían que entre el mundo de la naturaleza muerta y la viva existe el vínculo más íntimo que atestigua que el segundo surgió del primero. De ejemplo claro en este aspecto puede servir Kant, quien enunció su teoría científica de la formación del sistema solar. Demostró que este sistema no se había formado de golpe ni mucho menos, como piensan los metafísicos, sino como resultado de una larga evolución. Kant dijo: «Dadme la materia y os construiré el mundo». Pero el mismo Kant, que destruyó la imaginación metafísica sobre el cielo, se detuvo con asombro, como él mismo lo reconoce, ante la manifestación más simple de la vida. Declaró: si no es difícil explicar por las leyes del movimiento del sistema solar cómo se formó este de la materia, en cambio, no es posible explicar con estas mismas leyes el origen de la simple oruga. De esto, naturalmente, se derivaba la conclusión de que la vida es ya una obra salida de manos del creador supremo, de Dios, que no es posible explicar el origen de la vida por vía científica.

De igual manera abordaron los metafísicos los fenómenos de la evolución social. Se puede citar como un ejemplo de esto a los filósofos materialistas franceses del siglo XVIII o a los social-utopistas de principios del siglo XIX.

Los metafísicos franceses Helvecio, Holbach, Diderot, hicieron mucho por la ciencia, por el materialismo filosófico; pero sus ideas sobre la sociedad eran metafísicas. En su lucha contra el feudalismo, por un régimen más progresivo, negaban la conexión existente entre las fases precedentes del desarrollo social y la nueva época. Consideraban todo el pasado como el fruto de los errores y de la ignorancia de los hombres. No comprendían que, sin la evolución precedente de la sociedad, tampoco habría sido posible el nuevo orden de cosas por el que batallaban, ni que este nuevo régimen estaba entrelazado con toda la evolución histórica de la sociedad.

Los socialistas utópicos, que aparecieron a principios del siglo XIX, creían también que hasta entonces la humanidad había realizado en vano sus esfuerzos, en vano había batallado, creado una cultura, desarrollado la ciencia, el arte, etc. Todo había sido un esfuerzo inútil, ya que los hombres no tenían una idea justa acerca de una estructura racional, socialista, de la sociedad. Por ejemplo, uno de los socialistas utópicos, Charles Fourier, declaró que la desgracia de los hombres se prolongó «*en dos mil trescientos años de más*, a causa del descuido de los filósofos que desdeñaron la investigación de la asociación y atracción», es decir, de los hechos que, a juicio de Fourier, debían producir un viraje en la vida social de los hombres: «El lector debe recordar que un solo descubrimiento restablecido por mí, es más importante que todo el resto del trabajo científico hecho durante la existencia del género humano»[29].

Los socialistas utópicos emitieron muchas ideas geniales, entre ellas, también ideas socialistas; pero, en general, sus concepciones sobre la historia de la sociedad, como ve el lector, eran metafísicas. La sociedad representa para el metafísico la suma mecánica de individuos no vinculados entre ellos, que obran por sí mismos, independientemente de las condiciones históricas de su vida. El organismo social único e indisoluble queda desintegrado artificialmente en sectores aislados unos de otros o en «factores» considerados en sí mismos e independientemente.

El método dialéctico marxista parte, en el problema de las conexiones, de principios diametralmente opuestos a los del método metafísico. La dialéctica destruye la base de la negación metafísica de las conexiones universales y de la interdependen-

---

29 Fourier, C., (1938), *Teoría de los cuatro movimientos y de los destinos universales*, Sotzknig, p. 33.

cia de los fenómenos de la naturaleza y de la sociedad. En el *Compendio de Historia del PC(b) de la URSS* se señala que la conexión universal y la acción recíproca de los fenómenos y de los aspectos de la realidad, es la ley evolutiva más importante del mundo, sin cuya comprensión es imposible la ciencia.

> Por oposición a la metafísica, la dialéctica no considera la naturaleza como un conglomerado casual de objetos y fenómenos, desligados y aislados unos de otros y sin ninguna relación de dependencia entre sí, sino como un todo articulado y único en el que los objetos y los fenómenos se hallan orgánicamente vinculados unos a otros, dependen unos de otros y se condicionan los unos a los otros.

> Por eso, el método dialéctico entiende que ningún fenómeno de la naturaleza puede ser comprendido si se le enfoca aisladamente, sin conexión con los fenómenos que le rodean, pues todo fenómeno, tomado de cualquier campo de la naturaleza, puede convertirse en un absurdo si se le examina sin conexión con las condiciones que le rodean, desligado de ellas; y por el contrario, todo fenómeno puede ser comprendido y explicado si se le examina en su conexión indisoluble con los fenómenos circundantes y condicionado por ellos[30].

Marx, Engels, Lenin y Stalin destacan por todos los medios este aspecto, este rasgo del método dialéctico, poniendo de relieve su enorme importancia. En su resumen del libro de Hegel *Ciencia de la lógica*, señalando los elementos de la dialéctica, Lenin escribe: «las relaciones de cada cosa (fenómeno, etc.), no sólo son múltiples, sino generales, universales. Cada cosa (fenómeno, proceso, etc., está vinculada con *cada cual*». En otro lugar escribe: «Todo individual está vinculado por miles de transiciones con otros tipos de individuales (cosas, fenómenos, procesos), etc.»[31].

Millones y miles de millones de hechos, toda la realidad, confirman esta ley de la dialéctica materialista. La ley de las conexiones universales y de la interdependencia de los fenómenos, como todas las leyes de la dialéctica marxista-leninista, sintetiza los hechos de la realidad efectiva, del mundo real, objetivo.

---

30 *Historia del PC(b) de la URSS*, op. cit., p. 122.

31 Lenin, V. I., «Cuadernos filosóficos», op. cit., pp. 200 y 323.

La conexión, la interdependencia de los fenómenos es inherente a la propia naturaleza, y no inventada por el cerebro del hombre. Esta afirmación de la dialéctica marxista la distingue de las teorías idealistas, que, por ejemplo, declaran subjetiva tan importante forma de conexión como la causalidad: la conexión entre la causa y el efecto; lo que vale decir que no consideran que exista en la propia naturaleza causalidad alguna, que el hombre es quien introduce la conexión causal en ella. El filósofo inglés Hume, consideraba la conexión causal entre los fenómenos como una cuestión de hábito, y negaba el carácter objetivo de la causalidad. Los hombres, decía, están habituados simplemente a ver que detrás de cualquier fenómeno sigue otro, pero que en realidad no hay entre ellos ninguna conexión interna, fuera de la conciencia del hombre. También Kant declaró la causalidad como una categoría sólo inherente a la conciencia humana. En la naturaleza, según Kant, reina el caos, la arbitrariedad; la conciencia humana establece el orden en ese desorden, introduce la conexión causal.

Los méritos de la ciencia del siglo XIX y del período siguiente, el valor de los grandes descubrimientos científicos hechos en ese tiempo, consisten en haber puesto al descubierto la unidad de la naturaleza, la unidad de todas las formas del movimiento material, la conexión universal existente entre los fenómenos.

Más arriba hemos hablado de los puntos de vista metafísicos acerca del mundo orgánico. A mediados del siglo XIX, el sabio inglés Darwin realizó toda una revolución en estos puntos de vista. Demostró que el mundo orgánico tiene una larga historia de evolución, que ella es un proceso único, sujeto a leyes, una historia de cambios de formas orgánicas, relacionadas entre sí, de transformación de formas simples en compuestas, de inferiores en superiores.

Darwin descubrió las leyes de la mutación y de la evolución del mundo de los animales y de los vegetales. Demostró, ante todo, que no es posible examinar los animales y los vegetales sin tomar en cuenta sus conexiones con las condiciones naturales que los rodean. Los seres orgánicos no pueden vivir si no están adaptados al medio natural; Darwin cita numerosos y sorprendentes ejemplos de adaptación de los animales a las condiciones naturales. En el proceso de esta adaptación surgen en los animales ciertos elementos nuevos, cambios, al principio casuales. Si dichos cambios ayudan al ser a conservar su existencia, a vencer las condiciones naturales, son transmitidos por herencia, y la raza o especie de que se trata, se desarrolla y perfecciona. Gracias a esta adaptación y cambio, una especie se transforma en otra, superior y más perfecta.

Pero el problema no termina con la conexión y la acción recíprocas entre los seres vivos y las condiciones naturales. Darwin demostró que existe conexión indisoluble e interdependencia dentro del propio mundo orgánico; los vegetales y los animales no viven aislados, dependen unos de otros, se condicionan los unos a los otros. Darwin cita muchos ejemplos que demuestran, según sus palabras, «plantas y animales muy distantes en la escala de la naturaleza están unidas entre sí por un tejido de complejas relaciones». Darwin demuestra, por ejemplo, la conexión existente entre las trinitarias y los gatos. Las trinitarias necesitan para su fecundación la visita de las abejas. De todas las abejas sólo los zánganos visitan a las trinitarias. Por eso, si toda la especie de zánganos se extinguiera o escaseara, las trinitarias de una u otra localidad desaparecerían o se harían muy raras. Pero el número de zánganos depende en medida considerable del de ratones campestres que exterminan sus panales y nidos, y el número de ratones depende en grado considerable, a su vez, del número de gatos: «es completamente verosímil que la presencia de un felino muy abundante en una comarca pueda determinar, mediante la intervención primero de los ratones y luego de los himenópteros, la frecuencia de ciertas flores en aquella comarca»[32].

Darwin cita otro ejemplo. En una extensa y extraordinariamente estéril llanura donde sólo crecían arbustos, que jamás había sido tocada por la mano del hombre, se cerró una pequeña parte y se plantaron pinos escoceses. Veinte años más tarde esta parte de la llanura estaba totalmente cambiada, con cambios sorprendentes. No sólo se modificó la correlación del número

---

32 Darwin, C., (2004), *El origen de las especies*, LibrosEnRed, pp. 68 y 69.

de vegetales de diversas clases que existían antes, sino que aparecieron veinte clases nuevas. Cambió también la población de la llanura: aparecieron seis clases de pájaros insectívoros que no se encontraban en el resto de la llanura, etc. ¡Y la causa de todos estos cambios fue tan sólo el plantío de pinos escoceses!

Darwin investigó con cuidado una multitud de hechos sobre conexión y relaciones mutuas, y sobre la acción recíproca entre los animales y los vegetales, llegando a la conclusión de que entre ellos hay una lucha enconada por la existencia. De esta lucha sale vencedor el mejor adaptado a las condiciones exteriores. Precisamente, las especies mejor adaptadas conservan y transmiten por herencia sus caracteres distintivos, que en el proceso de la evolución se perfeccionan cada vez más, y se adaptan cada vez mejor a la naturaleza. Esta lucha por la existencia y la transmisión por herencia, de los caracteres recién adquiridos es la base de la selección natural, de evolución histórica del mundo orgánico.

De esta manera, Darwin refutó decididamente las representaciones metafísicas sobre el mundo vivo, creando una ciencia auténtica. Resolvió con éxito esa gran tarea gracias a que concibió el mundo como un todo único, como un proceso, cuyas partes y elementos todos, mutuamente ligados, mutuamente condicionados, se hallan en una dependencia causal unos de otros. Si Darwin hubiera ignorado las relaciones entre el mundo orgánico y la naturaleza, y las que existen dentro del propio mundo orgánico no hubiera podido hacer progresar la ciencia[33].

---

33 TR: En un sentido similar escribe Christopher Caudwell (1907-1937), marxista británico y brigadista internacional fallecido en el frente del Jarama: «La crítica al darwinismo es la crítica a las contradicciones que el darwinismo desplegó en el círculo de las categorías burguesas. [...] no contrapone áridamente el organismo al entorno, sino que la red de la vida sigue viéndose de manera fluida interpenetrada con el resto de la realidad. Las características germinales y las adquiridas se distinguen como si fueran cosas separadas, pero Darwin cree en la transmisión de ambas. La extraordinaria riqueza del espectáculo del cambio, la historia y el conflicto en la vida que Darwin despliega, confiere un insurgente poder revolucionario a sus escritos y a los de seguidores inmediatos como Huxley». En Caudwell, C., (1986), *Scenes and actions. Unpublished Manuscripts,* Routledge & Kegan Paul, pp. 187-188. [Trad. del Ed.]

No sólo la naturaleza viva, sino la multitud de otros hechos de los más diversos, pueden servir de ilustración para la ley dialéctica de las conexiones universales de la interdependencia de los fenómenos. Los hombres creyeron durante muchas generaciones que nuestra tierra constituye una suerte de mundo especial, provisto por la divinidad de especiales y felices virtudes. Pero la ciencia ha demostrado que nuestro planeta no es más que uno de los millones de cuerpos diseminados en el espacio universal de mayores proporciones que la Tierra. El análisis espectroscópico probó que las substancias que forman parte de la composición de la Tierra y de los seres que la pueblan, de las especies orgánicas, aparecen también en la composición de otros planetas, del sol y de las estrellas. Esto demuestra la conexión y unidad de nuestro planeta con todos los demás, la unidad de su origen y de sus leyes.

Cuando los hombres no podían observar el universo desde el punto de vista de sus conexiones mutuas, eran inevitables las interpretaciones religiosas sobre la creación divina de la Tierra o sobre que el sol fue creado especialmente para que los hombres tengan luz y calor. El descubrimiento de las conexiones y de la acción recíproca entre el sol, la tierra y los demás planetas, destruyó estas interpretaciones, demostró que la tierra, como algunos otros cuerpos, gira alrededor del cuerpo central, el sol; que entre el sol y la tierra, como entre la tierra y la luna, existe una acción recíproca sobre la base de las leyes de atracción y repulsión; que las felices características del planeta que habitamos son posibles también en otros planetas, puesto que aquellas surgieron en un largo proceso de enfriamiento de la tierra, como resultado de una larga serie de transformaciones materiales.

La riqueza y variedad de formas del movimiento y la múltiple belleza del mundo nos asombra. La ciencia estableció firmemente en el siglo XIX que todas esas variedades son diversas formas del movimiento de la materia, estrechamente relacionadas entre sí, que se cambian unas en otras y que las unas sin las otras carecen de sentido.

[...] todas las llamadas fuerzas que actúan en primer lugar en la naturaleza inorgánica –la fuerza mecánica y su complemento, la llamada energía potencial, el calor, las radiaciones (la luz y, respectivamente, el calor radiado), la electricidad, el magnetismo, la energía química se han acreditado como otras tantas formas de manifestarse el movimiento universal, formas que, en determinadas proporciones de cantidad, se truecan las unas en las otras, por donde la cantidad de una fuerza que desaparece es sustituida por una determinada cantidad de otra que aparece, y todo el movimiento de la naturaleza se reduce a este proceso incesante de transformación de unas formas en otras[34].

La conexión universal y la acción recíproca rigen también en la vida social de los hombres. El mayor mérito de Marx y Engels radica en haber demostrado por primera vez en la historia del pensamiento humano el proceso, sujeto a leyes, de la evolución de la sociedad humana, que se realiza como una necesidad férrea, histórico-natural. Y una de las más importantes y esenciales condiciones de la revolución hecha por ellos en la ciencia social es haber concebido la sociedad y su evolución histórica a la luz de la ley dialéctica de la conexión universal de todos sus aspectos y fenómenos.

Para el metafísico, la sociedad se compone de individuos aislados, cada uno actuando con arreglo a sus propias leyes. Si los hombres se unen en sociedad y trabajan en conjunto, los metafísicos ven la causa de esta unificación en alguna idea, en un contrato concertado por los hombres, etc. Marx y Engels demostraron que en realidad existe una conexión necesaria entre los hombres, que las necesidades de la producción de los bienes materiales, de las condiciones materiales de la vida de los hombres, los une en sociedad, les impone su unificación, su trabajo en conjunto. Los hombres primitivos trabajaban en común, no porque concertaran un convenio, ni mucho menos, sino porque de otra manera no habrían podido luchar contra la naturaleza.

De esta manera, en cada sociedad y en cualquier fase de desarrollo que se halle, entre los hombres existe una conexión e,

---

34 Engels, F., (1973), «Ludwig Feuerbach y el fin de la filosofía clásica alemana», en *Obras Escogidas*, vol. III, Progreso, p. 383.

inevitablemente, relaciones de producción. Pero estas últimas dependen de las fuerzas productivas de la sociedad, que con las relaciones de producción constituyen el modo de producción material que determina toda la orientación del desarrollo de la sociedad.

Sobre la base del fundamento económico surge un determinado régimen político: el Estado. No es posible considerar el Estado independientemente de las relaciones de producción. Los ideólogos burgueses y reformistas tratan de presentar el Estado en la sociedad explotadora como una organización por encima de las clases, no ligada a la clase dominante, no derivada de las relaciones de producción existentes. Marx, en cambio, demostró que en cada época el Estado es el representante de la clase dominante en la sociedad, y que expresa precisamente sus intereses de clase. El Estado depende enteramente del tipo de relaciones de producción. Las relaciones feudales de producción crearon el Estado de la monarquía feudal; y las relaciones burguesas de producción, la monarquía constitucional o la república democrático-burguesa. Pero cualquiera sea la forma política del Estado, feudal o burguesa, constituye siempre la dictadura de las clases explotadoras.

De esto se deduce que la revolución socialista que derroca el dominio de la burguesía y establece un nuevo tipo de relaciones de producción, no puede dejar subsistente el Estado burgués. Tiene que romper el viejo aparato del Estado y crear un nuevo Estado: la dictadura del proletariado.

Y no sólo el Estado, sino todas las superestructuras políticas e ideológicas, como el derecho, la ciencia, el arte, la filosofía, etc., están estrechamente ligadas al régimen económico de la sociedad, al Estado, y se condicionan mutuamente. Antes de Marx y Engels, la evolución de la conciencia y de la ideología social, fue considerada como algo casual, cuyo origen era el genio o la ignorancia de los hombres. Los padres del socialismo científico demostraron que la conciencia social depende de la existencia social, y pusieron fin así a toda mística en la explicación del desarrollo ideológico. No es posible examinar ninguna idea o doctrina en la sociedad clasista, sin su conexión con las condiciones sociales que las engendraron. Aislar la idea de su conexión con los demás aspectos del proceso social único y, en última instancia, del régimen de las relaciones de producción de los hombres, examinarla desde el punto de vista de la «justicia eterna»; significa inevitablemente ser un instrumento ciego en manos de las clases reaccionarias.

Los hombres, indicó más de una vez Lenin, serán siempre víctimas del autoengaño, si no aprenden a ver detrás de unas u otras ideas y teorías, los intereses reales de clase. Hay que saber vincular las ideas y las teorías con los procesos económicos y políticos que se realizan en la sociedad, y con los objetivos que se proponen las diversas clases.

Así pues, los ejemplos tomados del campo de la vida y de la lucha social, tanto como nuestra consideración de los fenómenos de la naturaleza, demuestran la existencia de la conexión universal e interdependencia en toda la realidad, y revelan tal conexión e interdependencia como el rasgo inseparable de todo fenómeno, de todo proceso.

3

El valor teórico de este rasgo del método dialéctico, que descubre la conexión universal existente entre los fenómenos, es extraordinariamente grande. La ciencia auténtica comienza allí donde las interpretaciones y las concepciones del mundo como un caos de casualidades, son sustituidas por su interpretación como un todo único y articulado, como un proceso único sujeto a leyes. Con la noción de la acción recíproca y de las leyes que rigen la evolución de la realidad, la ciencia se coloca sobre una base firme inconmovible frente a todo prejuicio religioso o idealista. El gran valor teórico de la ley de la conexión universal radica en mostrar el desarrollo de los fenómenos y de los procesos en su necesidad, en su condicionamiento mutuo, convirtiendo toda la historia del mundo en un solo proceso sujeto a leyes.

Es esto precisamente lo que subraya Lenin al hablar de la conexión dialéctica de los fenómenos: «interdependencia e íntima e inseparable concatenación de todos los aspectos de cada fenómeno [...], concatenación que ofrece un proceso único y lógico universal del movimiento...»[35]. En el *Compendio de Historia del PC(b) de la URSS* se subraya también que el método dialéctico considera la naturaleza como «un todo articulado y único».

Desde el punto de vista metafísico del mundo, la realidad no puede ser presentada en forma de proceso único, articulado y sujeto a leyes. Para quien mantenga consecuentemente ese punto de vista, todos los fenómenos están separados, no dependen unos de otros; lo que existe ahora no está condicionado por lo que existía antes, y no puede haber por tanto un único proceso del movimiento sujeto a leyes.

Son muy característicos los puntos de vista metafísicos sobre la historia de uno de los populistas rusos, P. Lavrov. Considera que toda la historia de la sociedad humana es una suma de experimentos, una cadena de ensayos que se efectúan desde el punto de vista de una u otra suposición teórica. Así, a lo largo de toda la historia, los soberanos, los emperadores, los ministros, los hombres públicos, los filósofos, realizan estos o aquellos experimentos sociales, de la misma manera que el físico o el químico realiza experimentos en su especialidad. Por eso, la tarea de la moderna y «auténtica» filosofía, según Lavrov, consiste en seleccionar de entre el historial de experimentos, los elementos que responden mejor a la naturaleza y a las necesidades humanas: al ideal eterno de justicia, de moralidad, para crear con ellos una nueva fórmula científica del progreso histórico.

No en vano se han desarrollado teorías económicas y del Estado; no en vano los alquimistas del socialismo, los Platón y los Moro, los Saint Simon y los Fourier, probaron su piedra filosofal, su elixir de la inmortalidad; no en vano los soberanos y ministros de mediados del siglo XVIII hacían experimentos con la ayuda de reformas desde arriba; no en vano los revolucionarios políticos experimentaron mediante una serie de resoluciones parlamentarias, cambios de

---

35 Lenin, V. I., (2024), «Karl Marx (Breve esbozo biográfico con una exposición del marxismo)», en *Biografía del Manifiesto Comunista*, Tinta Roja, p. 334.

constitución y de códigos. Todos los ensayos teóricos y prácticos dieron sus resultados, completamente definidos para el observador atento e imparcial.

Todos estos datos, son completamente suficientes para que, aspirando concienzudamente a la verdad, con una comparación cuidadosa de lo análogo y omisión de lo disparatado, se pueda elaborar una clara comprensión de las principales verdades sociológicas, es decir, esclarecer ante nosotros las necesidades naturales y sanas de los hombres, que pueden y deben ser satisfechas mediante una justa vida en común[36].

No es difícil comprender que esta teoría es netamente metafísica en su fundamento. ¿Cómo aborda Lavrov la historia humana? No como un proceso sujeto a leyes, sino como un caos de sucesos, como un fenómeno en el que impera la arbitrariedad. En este caos histórico, en este reino de las casualidades, puede hacerse todo lo que se quiera, se puede arbitrariamente combinar pedazos de la experiencia histórica y construir esta u otra fórmula del progreso histórico que, a juicio vuestro, corresponde más a la «justicia eterna». Lavrov y sus semejantes teóricos separan los fenómenos de su conexión con los demás fenómenos de la realidad. No ven ninguna ley en la historia de la sociedad.

Resultados diametralmente opuestos se obtienen del estudio de la realidad, cuando se parte del criterio de la conexión universal y de la interdependencia de los fenómenos. Toda la naturaleza, la historia de su evolución, la aparición de la vida, la evolución de la vida desde formas inferiores hasta el hombre, la unificación de los hombres en la comunidad primitiva, la transformación de estas comunidades en sociedades clasistas en virtud de las leyes internas del desarrollo social, los cambios

---

36 Lavrov, P., (1934), *Obras*, vol. III, Editorial de la Sociedad de Ex Presos Políticos y Exiliados, pp. 134-135. [En ruso]. [TR: La Sociedad de Ex Presos Políticos y Exiliados fue una organización que se mantuvo operativa entre los años 1921 y 1935, orientada a la investigación y publicación de materiales relativos a la represión política durante el zarismo. Pyotr Lavrov fue un destacado pensador radical que, junto a otros como Chernyshesvsky, Bakunin, Tkachev o Mikhailovsky, tuvo una gran influencia durante el reinado de Alejandro II.]

ulteriores de la sociedad; todo eso constituye «un todo articulado y único», «un proceso universal único, sujeto a leyes del movimiento».

Esta manera científica, la única justa para abordar la realidad, permite comprender y examinar los fenómenos y los procesos en su *necesidad histórica*. Para el idealista y metafísico del tipo de Lavrov, la existencia, digamos, de la sociedad esclavista o capitalista, es una pura casualidad que podría también no existir. La existencia de estas sociedades es examinada desde el punto de vista de unas u otras ideas, al margen de su vínculo con las condiciones materiales de cada época, al margen de las conexiones con una determinada situación histórica. El antihistoricismo es el rasgo más característico de la metafísica. No es posible juzgar la sociedad esclavista desde el punto de vista de ciertas ideas, aunque sean justas. Su existencia está relacionada con un determinado nivel de las fuerzas productivas, con los procesos sociales, con la división del trabajo, etc., que tuvieron lugar en la sociedad comunista primitiva y que prepararon el nacimiento de la sociedad esclavista. Por consiguiente, la aparición de esta sociedad era *históricamente necesaria,* como es históricamente necesaria la sustitución del régimen capitalista por el comunista.

El principio de la conexión universal y de la interdependencia muestra las causas reales y objetivas del nacimiento de tal o cual régimen social, y condiciona un estudio histórico, un punto de vista histórico sobre las cosas. Allí donde se niega el vínculo entre los fenómenos, su interdependencia, impera inevitablemente la mística, la magia, la creencia en fuerzas sobrenaturales; allí lo casual es presentado inevitablemente como lo necesario, lo aparente, lo esencial, lo principal. En cierta medida, la religión se sostiene porque no coloca el origen de los fenómenos naturales o sociales en relación con la evolución que les ha precedido, con otros fenómenos reales, sino que los atribuye a la voluntad de un ser supremo. En la sociedad capitalista, donde impera la anarquía y la competencia, muchos fenómenos adoptan una forma completamente misteriosa y sobrenatural.

Marx escribía que los milagros y fantasmas envuelven los productos del trabajo en el reino de la producción de mercancías. El origen efectivo de las ganancias capitalistas queda oscurecido. A la primera observación superficial, parece que el capital trae directamente la ganancia, que esta es su peculiaridad, como la peculiaridad del peral es la de dar peras.

Ya en el proceso directo de la producción, las relaciones entre los capitalistas y los obreros son bastante oscurecidas. Pero el paso del capital a otras esferas, no ligadas directamente con el proceso de producción, oscurece por completo las relaciones reales que existen entre los hombres. Por ejemplo, en la sociedad burguesa hay toda una categoría de gentes que no hacen otra cosa que entregar su dinero por un determinado interés y esto les sirve de fuente de enriquecimiento. El dinero, después de cierto tiempo, trae otro dinero aumentado en muchas veces.

Pero en realidad, como es sabido, la fuente de toda ganancia es la explotación de los obreros, la creación de plusvalía en el proceso de la producción de mercancías. En la sociedad capitalista, los diversos campos de aplicación del capital están aislados, no hay ninguna conexión directa entre ellos. La esfera de la circulación de mercancías está separada de la esfera de la producción, el capital monetario tiene también directamente la forma de una existencia autónoma, etc. Es así cómo, examinando la ganancia al margen de su conexión con el proceso de producción, en el que, a consecuencia de la explotación de los obreros, se crea la plusvalía distribuida entre todos los capitalistas, se llega a la mística, al ocultamiento de las causas efectivas del enriquecimiento de los capitalistas.

El capital se convierte, según las palabras de Marx, en «una cosa oscura, en un misterio». El marxismo puso de manifiesto la estrecha relación existente entre todas las esferas de aplicación del capital, las verdaderas fuentes de las ganancias, y gracias a ello se ha podido conocer el contenido real de las relaciones capitalistas.

Por consiguiente, para comprender las cosas en su necesidad, para que lo necesario y lo sustancial no sean sustituidos por lo casual y lo superficial, es necesario examinar las cosas en sus conexiones y acciones recíprocas. Vamos a dirigir ahora la atención del lector hacia un importante aspecto del problema que estamos examinando.

Para el metafísico, la causa y el efecto están separados uno del otro por una valla infranqueable; lo que actúa como causa no puede ser un efecto; lo que es un efecto no puede actuar como causa. En realidad, sabemos que entre los objetos existe una acción recíproca: la causa se convierte en efecto, el efecto en causa. Pero ¿podemos acaso limitarnos a dejar establecido que entre las cosas existe una acción recíproca?

Vamos a examinar, por ejemplo, las causas del florecimiento de la personalidad humana, su desarrollo en todos los aspectos en el país del Socialismo. Comenzamos entonces por establecer que los obreros y los campesinos derribaron a los capitalistas y terratenientes, liquidaron las clases explotadoras y construyeron una economía socialista. Las relaciones socialistas de producción son la causa, la base sobre la cual crece y se consolida el Estado Socialista de los obreros y campesinos. Pero el tipo socialista del Estado Soviético es, a su vez, causa de la evolución más grande, no vista hasta ahora en la historia, de la democracia soviética. La democracia socialista emancipa al hombre, abre ante él un ancho campo para la aplicación de sus energías, para la manifestación de sus iniciativas, para su desarrollo en todos los aspectos.

Vemos entonces que la causa y el efecto se cambian uno en otro. Hemos llegado a la conclusión de que las relaciones socialistas de producción, por intermedio del régimen político soviético, por medio de la democracia socialista, son la causa del florecimiento de la personalidad humana. El florecimiento de la personalidad humana en la URSS ejerce, a su vez, una enorme influencia sobre el desarrollo de la economía socialista, sobre el ritmo de su desarrollo. Por ejemplo, una de las condiciones decisivas del movimiento stajanovista fue la aparición de una nueva y alta técnica socialista. Pero el movimiento stajanovista, la aparición de hombres que, según expresión de Stalin, dominan plenamente la técnica de su especialidad y saben extraer de ella el máximo de lo que puede extraerse es, a su vez, la causa de un crecimiento mayor aún de la técnica socialista, de la productividad del trabajo, etc.

Olvidar esta objetiva e importantísima acción recíproca de los fenómenos, significa cerrarse el camino hacia una comprensión justa, científica, de las cosas. El marxismo-leninismo no puede limitarse a la comprobación del hecho de la existencia de la acción recíproca. Plejanov dijo con razón que limitar el análisis tan sólo a la comprobación del hecho de la acción mutua de los fenómenos entre sí es un «punto muerto de acción recíproca». Tal limitación conduce inevitablemente a considerar como iguales todas las causas, todas las conexiones.

A tal conclusión llegó, por ejemplo, uno de los más destacados representantes del materialismo francés del siglo XVIII, Paul Henri Thiry, Barón de Holbach, que reconocía la acción recíproca de los fenómenos. Escribe Holbach:

> Si juzgamos las causas por sus efectos, no existen pequeñas causas en el universo. En una naturaleza en la que todo está enlazado, donde todo actúa y reacciona, donde todo se mueve y se altera, se compone y se descompone, se forma y se destruye, no existe un solo átomo que no juegue un papel importante y necesario.

Los fenómenos más inesperados y más insignificantes, dijo Holbach, pueden convertirse en causa de los cambios más grandes en la sociedad.

> Demasiada acritud en la bilis de un fanático, una sangre demasiado ardiente en el corazón de un conquistador, una digestión difícil en el estómago de un monarca, una fantasía que pasa por el espíritu de una mujer, son causas suficientes para emprender guerras, enviar a millones de hombres a la masacre, destruir murallas, reducir ciudades a cenizas, hundir naciones en el duelo y la miseria, hacer surgir el hambre y la epidemia, propagar la desolación y las calamidades durante muchos siglos sobre la superficie de nuestro globo terráqueo[37].

Idéntica conclusión se podría sacar, por ejemplo, del hecho de que las ideas, en última instancia, nacen sobre la base de las condiciones materiales de vida de los hombres. Pero las ideas,

---

37 Holbach, Barón d', (1982), *Sistema de la naturaleza*, vol. 1, Editora Nacional, p. 250.

a su vez, ejercen una poderosa influencia sobre las condiciones materiales. Sobre esta base se podría entonces concluir: las condiciones materiales de vida de los hombres y sus ideas tienen un igual valor, una misma fuerza.

En realidad, esto no es así. La existencia social determina la conciencia social, y por más grande que sea el papel de las ideas, el valor de *primer orden* en la evolución de la sociedad corresponde a las condiciones materiales de la vida, a la base económica, a las fuerzas productivas y las relaciones de producción. Por eso, el método dialéctico no se limita a la comprobación del principio de la existencia de la conexión universal y de la acción mutua de las cosas, sino que exige siempre el examen de los *fundamentos* de esta acción recíproca, las causas decisivas, más importantes, del nacimiento de este o de aquel fenómeno. En la acción mutua entre las relaciones socialistas de producción y el desarrollo de la conciencia socialista, el fundamento son las relaciones socialistas de producción.

Se podría pensar también que el método dialéctico, al descubrir el vínculo universal de los fenómenos, exige el examen de *toda* la cadena de causas, de *todos* los vínculos y relaciones de las cosas entre sí. Pero no, la conexión de los fenómenos es tan universal y general que, para el examen de las causas de un fenómeno cualquiera, habría necesidad de citar una enorme cantidad de cosas y de sucesos que directamente no tienen ninguna relación con el fenómeno en cuestión, que no tienen para él una importancia decisiva.

Por eso, el método dialéctico requiere el análisis de las causas *decisivas*, que condicionan este o aquel fenómeno, el examen de las conexiones y relaciones orgánicas más importantes.

4

En su lucha cotidiana por el comunismo, el Partido Comunista se guía por el análisis dialéctico de la situación, por la consideración dialéctica de todas las condiciones en que vive el país. La historia del PC(b) de la URSS da una enorme cantidad de

ejemplos de cómo en la solución de los problemas más importantes de la revolución, el Partido investiga y estudia en todos
sus aspectos la conexión y la interdependencia de las condiciones sociales y políticas, de cómo sus consignas reflejan lo específico, lo particular de la situación en cada período histórico.
La consideración de todas las condiciones decisivas, necesarias
para la realización de esta o aquella tarea, constituye siempre el
principio director de la actividad del Partido. Tal como escribió
Lenin, «El conjunto de *todos* los aspectos del fenómeno, de la
realidad y de su (inter)*relaciones* –esto integra la verdad»[38].

Estas formidables palabras significan que el método dialéctico requiere que sea tomado en cuenta todo el conjunto de las
conexiones y relaciones *más importantes* de los fenómenos, que,
en la cadena general de las condiciones, el desconocimiento de
un eslabón necesario cualquiera amenaza con alterar la verdad,
hacer fracasar la empresa. Una ilustración clara de esta manera dialéctica de afrontar el análisis de las condiciones, es el siguiente hecho:

Al examinar el problema de las condiciones indispensables
para el desarrollo en masa de los koljoses, el camarada Stalin,
en su discurso en el Pleno del CC del PC(b) de la URSS, en abril
de 1929, «Sobre la desviación derechista en el PC(b) de la URSS»,
dijo que había voceros «izquierdistas» que afirmaban que el Partido se había retrasado en lo que se refiere al desarrollo de los
koljoses. El camarada Stalin demostró que no era posible examinar este problema al margen de sus conexiones con toda una
serie de condiciones históricas, necesarias para la realización de
un plan de colectivización en masa. Dijo que «Para realizar este
plan, era necesario que se diesen toda una serie de condiciones
que no se daban antes en nuestro país y que no se han presentado hasta estos últimos tiempos». El camarada Stalin señaló cuáles son estas condiciones. Desde hace mucho, el Partido previó
la necesidad de los koljoses y sovjoses; pero la sola previsión por
parte de la dirección central del Partido, no es suficiente. Nuestro Partido es un partido de millones de hombres: «Para poder

---

38 Lenin, V. I., «Cuadernos filosóficos», op. cit., p. 175.

llevar a la práctica el plan de un movimiento de masas en pro de los koljoses y los sovjoses, era necesario, ante todo, que la dirección del Partido se viese apoyada en esto por la masa del Partido... Por tanto, era necesario convencer a la gran masa del Partido del acierto de la política de su dirección»[39]. Esta era la primera condición.

La segunda condición consistía en la necesidad de que los propios campesinos, por su experiencia, comprendiesen la ventaja de los koljoses sobre la explotación individual, «que entre los campesinos se produjese un movimiento de masas hacia los koljoses». Y esto requería cierto tiempo. El Partido no podía colocarse en la vía del desarrollo forzado de los koljoses, que hubiera sido un perjuicio y no hubiera dado ningún resultado.

Luego, para realizar el plan de colectivización en masa, era necesario que el Estado dispusiese de los medios materiales necesarios para el financiamiento de los sovjoses y koljoses. Esta era la tercera condición obligatoria, sin la cual resultaba imposible soñar con los koljoses.

La colectivización socialista de las pequeñas economías campesinas, significaba colocar como fundamento de una gran economía rural una alta base técnica. La economía rural socialista necesitaba tractores, combinados y otras máquinas. Y para eso se requería que el país poseyera una industria desarrollada. Esta era la cuarta condición.

El camarada Stalin señaló que sólo cuando el conjunto de estas condiciones llegó a crearse, el Partido planteó la consigna de la colectivización en masa. Sin la existencia de estas condiciones, el intento de realizar una colectivización en masa hubiera sido una aventura. Es así como el Partido, empleando siempre el arma del método dialéctico, asegura con éxito el desarrollo de la construcción de la sociedad socialista.

Ahora se pueden extraer algunas conclusiones que se derivan de lo expuesto en este capítulo.

La conexión universal y la interdependencia, contrariamente a las afirmaciones de la metafísica, son la ley necesaria de toda la reali-

---

39 Stalin, I., *Cuestiones del leninismo,* op. cit., p. 294.

dad. Al margen de las conexiones y de la acción recíproca, los objetos no hubieran podido existir. La conexión y la acción recíproca hacen de todo el movimiento que se efectúa en la naturaleza un proceso único. Sin tener en cuenta el condicionamiento mutuo de los fenómenos y procesos, no es posible comprenderlos en su necesidad, en su evolución sujeta a leyes. La auténtica ciencia comienza allí donde la realidad objetiva es estudiada y examinada como un proceso necesario y sujeto a leyes.

La consideración de todo el conjunto de las conexiones y relaciones decisivas de los fenómenos es indispensable para un conocimiento correcto y, por consiguiente, para una acción revolucionaria justa.

Capítulo II
El movimiento y la mutación, la renovación y la evolución de los fenómenos

1

La negación por los metafísicos de la existencia de la conexión universal y la interdependencia de los fenómenos, trae inevitablemente como consecuencia la negación de la evolución, la afirmación del reposo y de la inmutabilidad como ley objetiva del mundo.

Semejante deducción es completamente consecuente. Si las cosas no están vinculadas unas con otras, tampoco hay ni puede haber una evolución, una renovación. Recordemos cómo enjuiciaron el socialismo, por ejemplo, los socialistas utópicos. No veían ninguna relación entre la evolución de la sociedad capitalista y el próximo socialismo. Este último había de aparecer, según ellos, como consecuencia de la realización de una idea racional. Por lo tanto, el socialismo no es el resultado del movimiento, de la evolución de la sociedad precedente.

Los metafísicos no niegan el movimiento, pero sólo reconocen la forma más simple del movimiento mecánico, como *única y universal* forma del movimiento. En el siglo XVIII era natural esta generalización. De entre todas las ciencias, la mecánica era la más desarrollada. La química, la biología y demás ciencias, se hallaban apenas en la fase inicial de su desarrollo. Se comprende por eso que los filósofos extendieran la forma mecánica del movimiento a todos los dominios del mundo. Pero todavía hay «teóricos» que defienden hoy el punto de vista mecanicista. Cuando la ciencia ha hecho tanto progreso, este punto de vista constituye una verdadera reacción.

¿Qué es la forma mecánica del movimiento? De ejemplo simple de esta forma de movimiento puede servir el choque de dos bolas. Una de las bolas se halla en estado de reposo mientras no choca con la otra, a la que pone también en estado de movimiento. El movimiento, por lo tanto, consiste en el choque de dos objetos exteriores, en la acción mutua de estos objetos exteriores uno en relación con el otro. He aquí la definición del movimiento dada por los filósofos colocados en el punto de vista mecanicista. El filósofo francés Descartes (1596-1650) escribía que el movimiento «no es otra cosa que una acción mediante la cual un cuerpo pasa de un sitio a otro»; el movimiento es «...el desplazamiento de una parte de la materia o de un cuerpo, de la vecindad de los cuerpos que directamente le tocaban y le consideraban en reposo, a la vecindad de otros cuerpos»[40].

Otro filósofo, Holbach, definió de esta manera el movimiento: «El movimiento es un esfuerzo mediante el cual un cuerpo cambia o tiende a cambiar de lugar, es decir, a corresponder sucesivamente a diferentes partes del espacio, o bien a cambiar de distancia en relación a los demás cuerpos»[41].

De esta manera, el reconocimiento de la forma mecánica del movimiento como la única, significa que todo movimiento es un simple desplazamiento de los cuerpos en el espacio, a consecuencia del choque de objetos exteriores y como resultado del impulso recibido desde fuera. Algunos mecanicistas afirman que la materia es pasiva, en sí misma, y que el primer impulso del movimiento lo ha dado Dios. Otros mecanicistas reconocen el movimiento como una peculiaridad inalienable de la materia, niegan a Dios, pero no reconocen otra forma de movimiento que la mecánica.

La metafísica reposa íntegramente sobre esta interpretación del movimiento. De ella resulta que todos los objetos y fenómenos son considerados como si se encontraran en un estado petrificado, inmutable. Por eso, a la pregunta de dónde salieron la tierra, el sistema solar, los animales, los vegetales, los hombres;

---

40 Descartes, R., (1914), *Obras,* vol. I, p. 49. [En ruso].

41 Holbach, Barón d', *Sistema de la naturaleza,* op. cit., p. 8.

el metafísico, si quiere ser consecuente, debe contestar que todo esto existió, existe y existirá eternamente. El movimiento, según el punto de vista del metafísico, no es el nacimiento de lo nuevo y la desaparición de lo viejo. De acuerdo con este punto de vista, escribía Engels que

> la naturaleza, independientemente de la forma en que hubiese nacido, una vez presente permanecía siempre inmutable, mientras existiera. Los planetas y sus satélites, una vez puestos en movimiento por el misterioso «primer impulso», seguían eternamente, o por lo menos hasta el fin de todas las cosas, sus elipses prescritas. Las estrellas permanecían eternamente fijas e inmóviles en sus sitios, manteniéndose unas a otras en ellos en virtud de la «gravitación universal». La Tierra permanecía inmutable desde que apareciera o –según el punto de vista– desde su creación. Las «cinco partes del mundo habían existido siempre, y siempre habían tenido los mismos montes, valles y ríos, el mismo clima, la misma flora y la misma fauna, excepción hecha de lo cambiado o transplantado por el hombre. Las especies vegetales y animales habían sido establecidas de una vez para siempre al aparecer, cada individuo siempre producía otros iguales a él, [...]. Se negaba todo cambio, todo desarrollo[42].

Idéntico punto de vista imperaba también en la explicación de los fenómenos sociales. Los materialistas franceses, por ejemplo, batallaron por la sustitución de la vieja sociedad feudal por un nuevo orden social. Su lucha contra el feudalismo expresaba el cambio efectivo de las condiciones materiales de la vida, las necesidades reales de sustitución de un régimen social por otro. Pero la interpretación que dieron a esta lucha era netamente metafísica. Las causas de la necesidad de sustituir el viejo régimen eran vistas en las peculiaridades de la naturaleza humana inmutable, dadas de una vez para siempre.

Desde tiempo inmemorial existía el hombre natural con la normal naturaleza humana. Pero dentro de este hombre se introdujo otro hombre artificial: «Y, he aquí, que en esta cueva interna se ha encendido la guerra civil, que perdura toda la vida. A veces es el hombre natural el vencedor, a veces le vende el hom-

---

42 Engels, F., «Introducción a la "Dialéctica de la naturaleza"», op. cit., p. 43.

bre moral, artificial»[43]. La lucha contra el feudalismo era considerada también como la lucha por el hombre natural. Como ve el lector, esta interpretación parte del concepto de una «naturaleza humana» hecha, dada de una vez para siempre.

Bien entendido, el hecho de que los materialistas franceses hayan comprendido falsamente las auténticas causas de su lucha, no disminuye el valor progresista y objetivo de su actividad. Además, entre los mejores representantes del materialismo francés había no pocos que rebasaron los marcos de la metafísica y favorecieron el desarrollo del pensamiento dialéctico. Pero, en general, estos filósofos seguían colocados todavía en el terreno de la metafísica. Así pues, de acuerdo con la interpretación metafísica, el mundo es inmutable y se halla en estado de quietud e inmovilidad. ¿Cómo resuelve este problema el método dialéctico?

2

El solo hecho de que el método dialéctico reclame que los fenómenos sean estudiados en sus conexiones e interdependencia, dice a las claras que la dialéctica revolucionaria aborda de una manera completamente distinta la interpretación de la naturaleza. Si de la negación metafísica de las conexiones universales se deriva el punto de vista sobre el mundo como una sustancia eternamente inmutable y en reposo, la teoría dialéctica de las conexiones universales significa que el mundo se halla en un proceso de constante evolución, movimiento, renovación.

En realidad, las conexiones y la acción mutua de los fenómenos demuestran que unos provienen de otros. La vida procede de la naturaleza inorgánica, las especies vegetales y animales se han transformado en el transcurso de un largo período, de inferiores en superiores, de simples en complejas. Idéntico cuadro vemos también en la sociedad, gracias al principio dialéctico de las conexiones universales. Sin el régimen del comunismo primitivo el esclavista sería un absurdo, sin el esclavista lo sería

---

43 Diderot, D., (1926), *Obras escogidas*, vol. I, p. 249. [En ruso]

el feudal, sin el feudal ocurriría lo mismo con el capitalista; sin este último con el socialista.

Por consiguiente, la ley de las conexiones demuestra que ni la naturaleza ni la sociedad existen en forma dada de una vez para siempre, sino que evolucionan. Unos fenómenos desaparecen y otros nacen en su lugar. Partiendo de este punto de vista, Stalin escribía que la conexión universal de los fenómenos nos da el único proceso mundial del *movimiento*.

> Por oposición a la metafísica, la dialéctica no considera la naturaleza como algo quieto e inmóvil, estancado e inmutable, sino como algo sujeto a perenne movimiento y a cambio constante, como algo que se renueva y se desarrolla incesantemente, y donde hay siempre algo que nace y se desarrolla y algo que muere y caduca.

> Por eso, el método dialéctico exige que los fenómenos se examinen no sólo desde el punto de vista de sus relaciones mutuas y de su mutuo condicionamiento, sino también desde el punto de vista de su movimiento, de sus cambios y de su desarrollo, desde el punto de vista de su nacimiento y de su muerte[44].

Esta conclusión se fundamenta en el estudio y síntesis de los fenómenos más diversos de la realidad. Todo lo que examinemos, planetas, astros, condiciones geográficas, vegetales, mundo orgánico, en una palabra, lo que nos rodea, desde los cuerpos materiales más grandes hasta el aislado átomo de la materia, todo se halla en movimiento, en proceso de nacimiento y de desaparición. Nada está libre de movimiento, desarrollo y cambio.

Durante mucho tiempo imperaban las teorías de que la materia por sí misma fuera una fuerza creadora que, sin un creador extraño a ella, es inerte, pasiva. Para explicar el origen de todo el múltiple y variado mundo se recurría a la idea de que, junto a la existencia de la materia pasiva, una cierta «forma» incorpórea, activa, un alma pone en movimiento la materia, creadora de toda la riqueza de formas en la naturaleza. Otros negaban simplemente los cambios en la naturaleza y afirmaban que en el mundo «no hay nada nuevo bajo el sol».

---

44 *Historia del PC(b) de la URSS*, op. cit., p. 122-128.

Un ejemplo singular en este sentido lo constituye Hegel. Era dialéctico, afirmaba la existencia de leyes de evolución y de mutación; pero en cuanto a la naturaleza, negaba su evolución y mutación. Consideraba la naturaleza como el conjunto de los mismos movimientos inmutables que se repiten eternamente. Hegel separaba radicalmente la naturaleza de la sociedad, consideraba esta última como una esfera puramente espiritual; la naturaleza, la materia, según su punto de vista, es algo inferior en comparación con el dominio espiritual. Mientras el dominio espiritual tiene capacidad de perfección, de creación de algo nuevo, de mutación, la naturaleza carece de esa posibilidad. Demos la palabra al propio Hegel:

> Las variaciones en la naturaleza, con ser tan infinitamente diversas como son, muestran solo un círculo, que se repite siempre. En la naturaleza no sucede nada nuevo bajo el sol, por eso el espectáculo multiforme de sus transformaciones produce hastío. Solo en las variaciones que se verifican en la esfera del espíritu surge algo nuevo[45].

El materialismo dialéctico, apoyándose en los avances logrados por la ciencia durante el siglo XIX, refutó esos puntos de vista y creó la única teoría científica y consecuente de la evolución. El materialismo dialéctico afirma que no hay materia sin movimiento, así como no hay movimiento sin materia. El movimiento es la propiedad inseparable de la materia.

> *El movimiento es el modo de existencia de la materia.* Jamás y en ningún lugar ha habido materia sin movimiento, ni puede haberla. Movimiento en el espacio cósmico, movimiento mecánico de masas menores en cada cuerpo celeste, vibraciones moleculares como calor, o como corriente eléctrica o magnética, descomposición y composición químicas, vida orgánica: todo átomo de materia del mundo y en cada momento dado[46].

---

45 Hegel, G. W. F., (2010), *Lecciones sobre la filosofía de la historia universal*, Editorial Losada, p. 151.

46 Engels, F., (1977), *La subversión de la ciencia por el señor Eugen Dühring («Anti–Dühring»)*, OME, vol. XXXV, Crítica, p. 62.

Si el movimiento no fuera inherente a la materia, no podríamos conocer ni una sola propiedad de un objeto. Precisamente porque la materia y toda su forma existe en movimiento, los objetos revelan sus cualidades, sus propiedades. De un cuerpo que no se halla en movimiento, dijo Engels, no se puede decir nada. Considerando cada objeto como la manifestación de una determinada forma del movimiento de la materia, conocemos las propiedades que le son inherentes a diferencia de otros objetos. A la forma mecánica de movimiento le son inherentes unas propiedades, a la forma química otras, etc. Por consiguiente, para su movimiento, la materia no tiene necesidad de ningún «alma», de ninguna «forma» incorpórea, etc. El movimiento es la ley de existencia de la materia, la forma de su ser.

Pero no basta con establecer el hecho de que el movimiento es propio a la materia. Esto tampoco lo negaban los materialistas que tenían un punto de vista metafísico. El juicio de sus teorías consistía en que comprendían el movimiento como un desplazamiento puramente mecánico en el espacio, y por eso no veían que el movimiento es el *cambio* de los objetos, la desaparición de los viejos y el nacimiento de los nuevos, la perpetua renovación de la naturaleza.

El idealismo de Hegel, como el de muchos otros idealistas, se explica también en cierta medida en que si Hegel reconocía a la materia, a la naturaleza, la propiedad del movimiento, sólo lo reconocía como un desplazamiento mecánico en el espacio, como movimiento en un círculo eternamente inmutable. En cambio, las formas superiores, como la conciencia y el raciocinio, las atribuía a Dios, a la «idea absoluta», ya que con el movimiento mecánico solo no es posible, ni mucho menos, explicar el origen de la conciencia.

En realidad, el movimiento no es únicamente desplazamiento mecánico en el espacio. También son movimiento el calor, la luz, la tensión eléctrica, la composición y descomposición químicas, la vida y la conciencia. Además, todas estas diversas formas de movimiento están íntimamente relacionadas entre sí, se truecan las unas en las otras. En la naturaleza inorgánica cada objeto está sometido a la influencia mecánica y física que producen en él los cambios constantes. La frotación y el golpe engendran movimientos moleculares internos que, en ciertas condiciones, se transforman en calor. La composición y descomposición químicas engendran nuevos fenómenos, y convierten unos fenómenos en otros. La vida es también una forma superior y peculiar del movimiento que, por vía compleja, nace de las formas inferiores del mismo. Todo esto atestigua que el movimiento no es sólo el desplazamiento mecánico en el espacio, la forma inferior, primitiva, del movimiento, sino también –según Engels– el *cambio en general*.

Pero, ¿qué es el movimiento como cambio? Es un eterno proceso de renovación y de evolución en el que nada permanece estancado e inalterable, donde siempre nace y se desarrolla algo, se desintegra y desaparece algo. A esta interpretación del movimiento como un cambio en general, única científica, la ciencia llegó como resultado de las más grandes conquistas del siglo pasado.

Ciencias como la geología, la paleontología y otras, demostraron que la evolución de la superficie de la tierra, del mundo orgánico, se efectuó mediante cambios. La historia de la tierra conoce varias épocas y períodos geológicos, y durante estas diversas épocas existían también diversas especies de animales y de vegetación. El famoso sabio ruso K. A. Timiriazey demuestra en su libro *La vida de los vegetales* que la vegetación del globo terrestre es ahora completamente distinta a la de épocas geológicas anteriores.

> Ante todo, hacen su aparición equisetáceos, helechos, plaunos, todos vegetales esporíferos; después aparecen también vegetales de semillas y de entre ellos, primeramente, los más simples, los asperafólicos, y más tarde todos los más compuestos, los más perfeccionados por su organización: dicotiledóneas, que predominan hasta ahora en nuestro planeta. Por consiguiente, con el correr del tiempo, a los tipos ya existentes se incorporaron nuevos tipos de vegetales, venciéndolos por su multiplicidad y, además, a los más simples se unieron los más complejos[47].

---

47 Timiriazev, K. A., (1938), «La vida de los vegetales», *Obras*, vol. IV, Editorial Estatal de Literatura Colectiva y de Granjas Estatales, p. 302. [En ruso].

Idéntico cuadro se puede observar también en la historia del reino animal. El actual reino animal no es el mismo que el de antes. Unas especies cedieron su lugar a otras, se transformaron en otras. Por consiguiente, el desarrollo del mundo orgánico es un proceso de desaparición de unos fenómenos y de nacimiento de otros; además, un proceso en el que unas formas orgánicas se desarrollan de otras. Este proceso de desarrollo de unas formas en otras no fue reconocido durante mucho tiempo por los sabios, que mantenían el punto de vista metafísico sobre la inmutabilidad de la naturaleza. Aún después que las excavaciones geológicas demostraron que en distintas épocas existieron seres orgánicos diversos, los sabios dieron a este hecho una interpretación que no rebasaba los marcos de la teoría metafísica acerca de la inmutabilidad de la vida.

Así, el naturalista francés Cuvier (1769-1832), explicaba este hecho por la teoría metafísica de las catástrofes. La historia de la Tierra, decía Cuvier, es una serie de catástrofes colosales sucesivas, que han destruido todo lo vivo que poblaba la Tierra. Después de cada una de estas catástrofes apareció una nueva vida, nuevas especies. Sólo Darwin destruyó la teoría metafísica de la inmutabilidad del mundo orgánico.

También el movimiento de la sociedad humana se efectúa como un cambio, como la muerte y la destrucción de lo viejo y el nacimiento de lo nuevo, como la evolución de unas formas sociales a otras. A lo largo de dos milenios y medio, la sociedad atravesó un enorme camino de evolución. En el proceso de esta evolución tuvieron lugar cambios esenciales: unas formaciones socioeconómicas cedieron su lugar a otras; en la sociedad, como en la naturaleza, no hay nada eterno, inmutable, estancado, dado de una vez para siempre.

Los metafísicos gustan referirse a la quietud, al equilibrio, que tiene lugar tanto en la naturaleza como en la sociedad y que, según ellos, refuta la teoría dialéctica de la evolución y mutación eternas. La quietud, el equilibrio, tiene, efectivamente, lugar en la naturaleza y en la sociedad, pero los metafísicos lo interpretan de una manera falsa.

La quietud no existe independientemente, sino como un momento de la evolución, del movimiento, y sin él es inexplicable. El movimiento y la quietud se hallan en unidad. No hay equilibrio, quietud, sin movimiento, como no hay movimiento sin equilibrio. Pero el equilibrio es relativo, temporal, pasajero, y el movimiento es eterno, no pasajero, absoluto. El materialismo dialéctico no afirma que en el proceso de la evolución todo cambia con una rapidez e impetuosidad tal que no hay nada estable que no se halle en un equilibrio temporal. Si la evolución tuviera este carácter de cambio, no habría objetos ni vida.

A nuestro alrededor vemos una multitud de objetos que durante un tiempo, corto o largo, permanecen estables, en reposo. La vida de cada organismo humano, por ejemplo, se halla en un equilibrio. Pero este equilibrio es relativo y temporal. Es relativo porque las partículas más pequeñas del organismo y sus grandes órganos se hallan en un movimiento constante. Más aún, el equilibrio del organismo sólo se mantiene gracias a su funcionamiento normal, y esto último es una forma del movimiento. Por consiguiente, el propio equilibrio es el resultado del movimiento y se halla siempre en movimiento.

El equilibrio del organismo no sólo es relativo, sino también transitorio. Los procesos que se efectúan en el organismo tendrán la muerte como resultado en alguna fase de su vida, es decir, la desaparición, la negación del equilibrio. Cualquier cuerpo puede hallarse en un reposo temporal sobre la Tierra, pero este mismo cuerpo participa en el movimiento que efectúa la Tierra y todo el sistema solar; por lo tanto, su reposo también es relativo en ese sentido.

Para demostrar la eternidad y la inamovilidad del principio de la propiedad privada, de la división de la sociedad en ricos y pobres, en explotados y explotadores, los ideólogos de la burguesía invocan el hecho de que la propiedad privada permanece a lo largo de muchos siglos y que, por lo tanto, es la forma natural de vida de los hombres. La propiedad privada es la que mantiene la sociedad en un equilibrio absoluto, en reposo; sin la propiedad privada no hubiera sido posible la existencia de la sociedad.

Este punto de vista metafísico sobre la sociedad, es refutado por toda la historia de la evolución social. La propiedad privada no siempre ha existido, nació como resultado de la evolución histórica de la sociedad. La propia propiedad privada, que nació y fue durante un. largo período histórico la base de la estructura social, tampoco permaneció inmutable, sino que sus formas han cambiado. Tanto el régimen esclavista, como el feudal y el capitalismo se cimentaron sobre la propiedad privada de los medios de producción. El capitalismo es la última forma de sociedad basada en la propiedad privada. En el seno del régimen de propiedad privada capitalista se efectúa constantemente un movimiento: se acrecientan las fuerzas productivas de la sociedad, se acentúa la lucha de clases entre el proletariado y la burguesía. El «reposo» de esta sociedad es tan relativo que a simple vista nos recuerda un tempestuoso océano. El movimiento y la evolución del capitalismo preparan objetivamente el fundamento para el nuevo régimen socialista. Al llegar al Poder, la clase obrera destruye las clases explotadoras y la propiedad privada, y crea una sociedad basada en la propiedad colectiva, socialista, de los medios de producción. La propiedad privada, que ha sido necesaria en su tiempo debido a una serie de causas históricas, desaparece para siempre.

La evolución no se concilia con los principios eternos, con las normas inamovibles, con las formas de vida dadas de una vez para siempre. Cada período histórico en la evolución de la sociedad conoce sus leyes específicas, que cambian junto con el movimiento de la sociedad en cada nueva fase. Las formas del movimiento, la evolución de la sociedad, son diversas, relativas; sólo su movimiento, el desarrollo, tiene un valor *universal y absoluto*.

Asimismo, las formas aisladas de existencia de la materia, son temporales, pasajeras, y sólo absolutamente universal y eterna la propia materia en movimiento. En el mundo, decía Engels, no hay nada eterno, salvo la materia en eterno cambio y movimiento, así como también las leyes por las cuales se mueve y cambia. La materia se mueve y se desarrolla de acuerdo con sus propias leyes. Todo el mundo, orgánico e inorgánico, incluido el hombre pensante, toda la variedad múltiple del mundo y sus formas de manifestación; todo es el producto de la materia, el resultado de su diferenciación, de las transformación de una forma en otra, de la forma inferior en superior.

En virtud de estas mismas leyes materiales, todo este rico y admirable producto de la materia será sometido a la muerte y al exterminio. Pero ¿se puede pensar que luego la materia no sería capaz, una y otra vez, de diferenciarse y crear de nuevo la vida sobre nuevas Tierras, bajo nuevos sistemas solares? Engels dio una respuesta a esta pregunta:

> [...] por más millones de soles y tierras que nazcan y mueran, por más que puedan tardar en crearse en un sistema solar e incluso en un solo planeta las condiciones para la vida orgánica, por más innumerables que sean los seres orgánicos que deban surgir y perecer antes de que se desarrollen de su medio animales con un cerebro capaz de pensar y que encuentren por un breve plazo condiciones favorables para su vida, para ser luego también aniquilados sin piedad, tenemos la certeza de que la materia será eternamente la misma en todas sus transformaciones, de que ninguno de sus atributos puede jamás perderse y que por ello, con la misma necesidad férrea con que ha de exterminar en la Tierra su creación superior, la mente pensante, ha de volver a crearla en algún otro sitio y en otro tiempo[48].

3

Al afirmar la evolución y la mutación como ley objetiva de la realidad, la dialéctica revolucionaria inculca en la conciencia de las masas trabajadoras combatientes la fe en la precariedad de la sociedad capitalista, la fe en el triunfo inevitable del nuevo régimen, del régimen del socialismo. Al mismo tiempo provoca el terror entre las clases explotadoras y sus ideólogos, y obliga a los enemigos de la revolución a luchar contra la dialéctica marxista, a defender el estancamiento y la inmovilidad.

La interpretación del movimiento como la evolución y mutación de todo lo existente conduce inevitablemente a la deducción de que la explotación del hombre por el hombre, la sumisión de

---

48 Engels, F., «Introducción a la "Dialéctica de la naturaleza"», op. cit., p. 58.

los trabajadores a los terratenientes y capitalistas, la vida de miseria y de hambre de las masas populares bajo el capitalismo, no es una ley eterna, sino que, en consonancia con las necesidades objetivas de la vida material de la sociedad, hay que sustituir el capitalismo por el socialismo.

De esta interpretación se deriva también otra conclusión extraordinariamente importante. Si todo se desarrolla y cambia, si la ley de la evolución social es que lo viejo se muere y lo nuevo se desarrolla, entonces la victoria pertenece siempre al que nace y se desarrolla, aunque lo que nace y se desarrolla sea todavía débil, no robustecido.

La evolución se efectúa de tal manera que siempre existe lo nuevo al mismo tiempo que lo viejo. Pero lo nuevo, lo que acaba de nacer, siempre parece menos sólido que lo que existe hace tiempo, que lo viejo. En el *Compendio de Historia del PC(b) de la URSS* se cita un conocido hecho histórico de la época de la lucha de los marxistas contra los populistas. En la década del 80 del siglo pasado, el proletariado acababa de nacer en Rusia y representaba una minoría insignificante en comparación con la clase de los campesinos. Pero el proletariado se desarrolló, llegó a ser una clase que en el futuro había de actuar como representante de toda la humanidad trabajadora, como dirigente de la lucha de las masas populares por el derrocamiento del régimen de explotación. Los campesinos, en cambio, se disgregaron como clase. Por eso los marxistas se orientaban hacia el proletariado, y como dice el *Compendio*, no se equivocaron, puesto que «el proletariado se convirtió, andando el tiempo, de una fuerza insignificante en una fuerza histórica y política de primer orden»[49].

Se podrían citar muchos ejemplos que demuestran cómo los marxistas revolucionarios, los bolcheviques, guiándose por el método dialéctico se orientaron hacia lo nuevo que, objetivamente, en virtud de las leyes de la evolución histórica, nació y se desarrolló en el seno de la sociedad, y cómo esta orientación favoreció su triunfo.

---

49 *Historia del PC(b) de la URSS*, op. cit., p. 127.

Tomemos un ejemplo de la historia del Partido Bolchevique a partir de Octubre de 1917. Después de instaurarse en Rusia la dictadura del proletariado, Lenin repetía incesantemente que una de las condiciones decisivas, capaces de asegurar la victoria histórica del socialismo, era la creación de una productividad de trabajo más alta que la del capitalismo.

Cuando surgieron los gérmenes del nuevo trabajo socialista durante los años de la guerra civil, en forma de «sábados» comunistas, Lenin concedía a este hecho gran importancia. Los «sábados» comunistas eran sólo *gérmenes* débiles, no robustecidos, que apenas habían visto la luz; gérmenes de las relaciones socialistas entre los obreros y el trabajo. En comparación con la vieja relación hacia el trabajo, relación formada por décadas en la fábrica capitalista, los «sábados» eran entonces una gota en el mar. Pero, a pesar de eso, Lenin vio en los «sábados» el comienzo de un poderoso movimiento que inevitablemente habría de desencadenarse y de desalojar a las viejas formas de trabajo. Lenin consideraba los «sábados» comunistas como las semillas de la sociedad socialista. Los burgueses y sus lacayos, los mencheviques y social-revolucionarios, ridiculizaban la fe de los bolcheviques en la fuerza de los gérmenes todavía insignificantes del trabajo socialista.

> Los señores burgueses y sus lacayos, incluyendo a los mencheviques y eseristas, habituados a considerarse representantes de la «opinión pública», se burlan, naturalmente, de las esperanzas de los comunistas; dicen que esas esperanzas son un «baobab en una maceta de reseda» y se ríen del ínfimo número de sábados, en comparación con los casos innumerables de robo, haraganería, descenso de la productividad, deterioro de las materias primas, deterioro de los productos, etc.

> Pero no somos utopistas y conocemos el valor real de los «argumentos» burgueses; sabemos también que las huellas del pasado en las costumbres predominarán inevitablemente durante cierto tiempo, después de la revolución, sobre los brotes de lo nuevo. Cuando lo nuevo acaba de nacer, tanto en la naturaleza como en la vida social, lo viejo siempre sigue siendo más fuerte durante cierto tiempo. Las burlas a propósito de la debilidad de los tallos nuevos,

el escepticismo barato de los intelectuales, etc., son, en el fondo, procedimientos de la lucha de clase de la burguesía contra el proletariado, maneras de defender el capitalismo frente al socialismo. Debemos estudiar minuciosamente los brotes de lo nuevo, prestarles la mayor atención, favorecer y «cuidar» por todos los medios el crecimiento de estos débiles brotes[50].

Estas palabras magníficas de Lenin fueron dictadas por la apasionada fe en la fuerza creadora de la clase obrera, por la comprensión de que lo nuevo, si es condicionado por la evolución de la sociedad, progresiva y sujeta a leyes, ha de obtener inevitablemente la victoria sobre lo viejo. ¿Y después? Lenin, como siempre, tuvo razón. Los gérmenes de lo nuevo se convirtieron en un poderoso movimiento de choque y de emulación socialista, en el movimiento stajanovista. Lo que en 1919 era un comienzo, se convirtió en nuestro tiempo en lo predominante e imperante.

Este ejemplo demuestra que la interpretación dialéctica de los fenómenos está ligada al sentido de lo nuevo, al sentido de lo que el camarada Stalin calificó, en el XVIII Congreso del PC(b) de la URSS, de cualidad preciosa de cada militante bolchevique. Ya que la evolución se efectúa en realidad de manera que lo viejo es sustituido por lo nuevo, ya que el futuro pertenece a lo nuevo, en la actividad política práctica es de enorme importancia saber ver lo nuevo que nace a la vida, saber prestar apoyo a lo nuevo y batallar por su triunfo. El Partido Bolchevique es fuerte también por eso, porque siempre ve y siente llegar lo nuevo a la vida, y crea prácticamente todas las condiciones necesarias para su crecimiento.

Lo nuevo es invencible, se abre el camino por encima de todos los obstáculos, tal es la ley objetiva de la evolución dialéctica. Por eso se señala en el *Compendio de Historia del PC(b) de la URSS* que

Lo que interesa, sobre todo, al método dialéctico no es lo que en un momento dado parece estable, pero comienza ya a morir, sino

---

50 Lenin, V. I., (1986), «Una gran iniciativa», en *Obras Completas*, vol. XXXIX, Editorial Progreso, pp. 19-20.

lo que nace y se desarrolla, aunque en un momento dado parezca poco estable, pues lo único que hay insuperable, según él, es lo que se halla en estado de nacimiento y de desarrollo[51].

De esta manera, las deducciones que se derivan de lo dicho en el presente capítulo se reducen a lo siguiente:

La teoría metafísica de la inmutabilidad e inmovilidad de los fenómenos de la realidad desfigura el estado real de las cosas. En realidad, tanto en la naturaleza como en la sociedad rigen la evolución, los cambios. La propiedad inseparable de la materia es el movimiento. No hay materia sin movimiento, como no hay movimiento sin materia. Pero el movimiento no es sólo un desplazamiento mecánico de los cuerpos en el espacio, es el cambio de las cosas, la muerte de lo viejo que ha caducado y el nacimiento de lo nuevo. El movimiento abarca todas las transformaciones de la materia y es indestructible como la materia. Todo reposo, todo equilibrio, que los metafísicos consideran como el rasgo principalísimo de la realidad, es relativo, temporal, transitorio. Sólo el movimiento, la evolución, el cambio, tienen un valor absoluto y universal.

La renovación eterna y constante del mundo, la muerte de lo viejo y el nacimiento de lo nuevo, significan que el futuro pertenece a lo nuevo que nace y se desarrolla, aunque eso nuevo tenga aún la apariencia de algo inestable. De aquí se deduce el principio más sustancial de la actividad política revolucionaria: «Esto quiere decir que, en política, para no equivocarse hay que mirar hacia delante y no hacia atrás»[52].

---

51 *Historia del PC(b) de la URSS*, op. cit., p. 123.

52 Ibid. p. 127.

Capítulo III
La evolución como trueque de los cambios cuantitativos en cambios cualitativos

1

La evolución, el movimiento, la mutación, como lo hemos visto en el capítulo anterior, son una ley objetiva del mundo. Pero, ¿cómo, en virtud de qué leyes se efectúa esta evolución, el tránsito de lo viejo a lo nuevo, la muerte de unas cosas y el nacimiento de otras?

La negación de la evolución como proceso de la muerte de lo viejo y nacimiento de lo nuevo, es característica del metafísico. Desde su punto de vista, la evolución es el movimiento de cosas hechas, dadas de una vez para siempre, movimiento «en un círculo eternamente incambiado, que se repite incesantemente» (Engels). Todo permanece en el mismo lugar, desde siglos inmemoriales, lo viejo no cede su lugar a lo nuevo. Este es el punto de vista del metafísico, reconoce sólo una forma de evolución. Así, el germen de cualquier cosa, desde su punto de vista representa ya un organismo hecho, pero sólo en pequeña escala. Su ulterior desarrollo es un proceso puramente cuantitativo. De este modo el metafísico piensa que existieron siempre los hombres en la Tierra y que la evolución no consistió más que en el cambio de una generación por otra. En otras palabras, la evolución, desde el punto de vista del método metafísico, es un proceso puramente *cuantitativo*. En el mundo de la naturaleza o de la sociedad no se efectúa otro proceso que el de la adición o disminución cuantitativas, pero no existe un cambio profundo, radical, de las cosas y de los fenómenos: el mundo es inmutable.

Esta teoría de la evolución cuantitativa se deriva del reconocimiento del desplazamiento mecánico en el espacio como forma universal del movimiento. La mecánica clásica, tanto en el sentido amplio como estrecho de esta palabra, conoce sólo la cantidad, opera con velocidades y masas y, en el mejor de los casos, con el volumen. En realidad, los hechos reales no pueden de ningún modo tener cabida en la teoría metafísica de la evolución puramente cuantitativa. Estos hechos destruyen la teoría metafísica, demuestran que en la realidad objetiva la evolución no se efectúa, ni mucho menos, de la manera que enseña la metafísica.

Si hemos de creer a la metafísica cuando dice que la evolución sólo es un proceso puramente cuantitativo, tendremos que reconocer también que las cosas se diferencian unas de otras sólo por su aspecto cuantitativo. Pero si así fuese, las cosas tendrían que conglomerarse en una sola masa compacta indiferenciable. Vemos un bosque, por ejemplo. En el bosque hay árboles altos y bajos, gruesos y delgados, es decir, de un aspecto cuantitativo diverso. Pero ante nuestra vista el bosque aparece como una masa compacta de árboles. Y es comprensible. Los árboles, sean altos o bajos, gruesos o delgados, no dejan de ser árboles. Ahora imaginemos por un momento que todas las cosas en general se diferencian unas de otras sólo por su precisión cuantitativa. Entonces todas ellas se confunden en una sola masa compacta, como los diversos árboles se confunden en un solo bosque compacto.

Echemos, sin embargo, una mirada al «ancho campo de la naturaleza» ¿Qué vemos? Ante nuestros ojos se presenta un inmenso cuadro de las cosas y fenómenos más diversos. En este cuadro no vemos nada uniforme, nada compacto: las cosas, los fenómenos, los procesos se distinguen también unos de otros por su contenido y por su forma. La tierra, los ríos, las montañas, los vegetales, los pájaros, los animales, etc., todo eso crea un cuadro de la múltiple belleza del mundo, en el que las cosas están relacionadas unas con otras y al mismo tiempo se diferencian entre sí.

Todo este mundo de cosas y procesos diversos compone una unidad indisoluble. Esta unidad radica en su materialidad. Las cosas más distintas, la tierra y el agua, los animales y los vegetales, son materiales, es decir, representan diversas formas de la materia en desarrollo. Pero la interpretación dialéctica de la unidad no niega la variedad del mundo, sino que, por el contrario, le da una interpretación correcta. Toda la riqueza y la variedad de la naturaleza inorgánica y orgánica es movimiento y evolución de la materia, variedad de formas del movimiento de la propia materia, variedad que se crea en el proceso del desarrollo histórico de la naturaleza.

Las cosas no se confunden por tanto en una sola masa compacta, entre ellas existe cierta frontera que las separa unas de otras. Se trata, claro está, no de la frontera espacial que separa dos Estados distintos, por ejemplo, sino de una frontera de otra clase completamente diferente. La frontera entre el agua y la tierra, entre los vegetales y los animales, son las propias cosas, lo que las diferencia entre sí como formas diversas del movimiento de la materia, pues esta diferencia entre las cosas y los fenómenos, como formas diversas del movimiento material, como definición de cada cosa, gracias a la cual el agua es agua, el hombre es hombre, etc., constituye la *calidad* de las cosas y de los fenómenos.

Pero las cosas y los fenómenos tienen no sólo un lado cualitativo, sino también un lado cuantitativo. El lado cuantitativo de los objetos está íntimamente ligado con su lado cualitativo. No hay ni una sola cosa, ni un solo proceso sin su precisión cuantitativa. «Todas las diferencias cualitativas que se dan en la naturaleza responden, bien a la diferente composición química, bien a las diferentes cantidades o formas de movimiento (energía), o bien, como casi siempre ocurre, a ambas cosas a la vez»[53].

También en el mundo de las relaciones sociales, cada fenómeno, cada proceso, tiene su precisión cuantitativa, aunque, naturalmente, allí no se presta a una medición tan exacta como en la naturaleza. A la sociedad feudal, por ejemplo, le era inherente un nivel de desarrollo de las fuerzas productivas relativamente bajo, y en esto se diferenciaba del régimen capitalista que, a su vez, no se iguala al despliegue de las fuerzas productivas que la sociedad adquiere en la época del socialismo.

---

53 Engels, F., (1961), *Dialéctica de la naturaleza*, Grijalbo, p. 42.

Así pues, las cosas tienen tanto un lado cuantitativo como cualitativo. Ya el solo hecho de que a todas las cosas sea propia, no sólo la precisión cuantitativa, sino también la cualitativa, refuta a la metafísica. Cada cosa, cada proceso, es una unidad de cantidad y calidad. Sin embargo, esta unidad no es una unidad muerta, que no se desarrolla. El lado cuantitativo y el cualitativo de las cosas se hallan en una determinada relación recíproca. Y es en el carácter de esta relación recíproca, precisamente donde se oculta la causa de los cambios cualitativos de las cosas y la de la transformación de unas en otras. Pero, ¿cuál es la relación recíproca entre la cantidad y la calidad en las cosas?

Al comienzo, la cantidad y la calidad componen en la cosa una unidad indisoluble. A una determinada calidad corresponde una determinada cantidad. La cosa tiene una determinada medida. Pero en el proceso de desarrollo de una cosa, cambia su lado cuantitativo. Se efectúa una acumulación inadvertida y oculta de cambios cuantitativos, que hasta cierto momento no hacen cambiar la calidad, pero este proceso no puede prolongarse indefinidamente. En un determinado grado se crea una situación en que la medida del objeto se quebranta. La nueva precisión cuantitativa no puede hallarse en unidad con la vieja calidad. Y entonces llega el momento en que los cambios cuantitativos imperceptibles se convierten en un cambio *manifiesto, radical, cualitativo*. Este momento se llama el tránsito de la cantidad a calidad. El cambio cualitativo significa la desaparición de una cosa vieja y el nacimiento de una nueva.

Esto indica que la evolución no es un simple crecimiento cuantitativo, como piensan los metafísicos, sino un cambio cualitativo de las cosas, la transformación de una cosa en otra. En el *Compendio de Historia del PC(b)* de la URSS está expuesta esta ley dialéctica con la máxima claridad y precisión:

> Por oposición a la metafísica, la dialéctica no examina el proceso de desarrollo de los fenómenos como un simple proceso de crecimiento, donde los cambios cuantitativos no se traducen en cambios cualitativos, sino como un proceso en que se pasa de los cambios cuantitativos insignificantes y ocultos a los cambios radicales, a los cambios cualitativos; en que éstos se producen, no de modo

gradual, sino repentina y súbitamente, en forma de saltos de un estado de cosas a otro y no de un modo casual, sino con arreglo a leyes, como resultado de la acumulación de una serie de cambios cuantitativos inadvertidos y graduales[54].

2

La interpretación de la evolución como el tránsito del viejo estado cualitativo a uno nuevo, a consecuencia de los cambios cuantitativos, se basa en la sintetización del desarrollo de los más variados fenómenos y procesos de la realidad.

Las cosas más corrientes nos ofrecen ejemplos de la transformación de una forma del movimiento en otra, mediante su cambio cuantitativo. Ahora tienen amplia divulgación toda clase de aparatos: calentadores eléctricos, planchas, cocinas, soldadores eléctricos, etc. Cada uno de estos aparatos simples muestra el ejemplo de la transformación de la energía eléctrica en otra, cualitativamente distinta, en energía calorífica. Sabemos que, al pasar una corriente eléctrica por un hilo conductor, este se calienta. El calentamiento se efectúa debido al choque de los electrones en movimiento con las moléculas de la materia del conductor, a las que transmiten una parte de su energía. Las moléculas comienzan a moverse cada vez con más fuerza y más rápidamente, lo que da como resultado la producción de calor, el calentamiento del conductor. Cuanto mayor es la fuerza de la corriente y la resistencia del conductor, y cuanto más se mantiene la corriente en el conductor, mayor calor se logra. Dentro del calentador hay un alambre de una gran resistencia. La corriente que pasa por él calienta el aparato y da la posibilidad de utilizar la energía calorífica que en este proceso se obtiene. Se podrían citar también otros ejemplos de transformación de energía eléctrica en energía química, mecánica, etc.

Con la ayuda de la transformación de energía eléctrica en energía química, en la industria se produce aluminio, cobre, calcio y toda una serie de metales. Los procesos químicos tie-

---

54 *Historia del PC(b) de la URSS*, op. cit., p. 123.

nen un interés extraordinario como manifestación de la ley del tránsito de la cantidad a calidad. No en vano Engels definía la química como la ciencia de los cambios cualitativos. El lector puede hallar en el *Anti-Dühring* de Engels una serie de interesantes ejemplos que demuestran la influencia de los cambios cuantitativos sobre la calidad en las composiciones químicas. La química muestra cómo surgen diversos fenómenos *cualitativos* de distintas correlaciones *cuantitativas* de los mismos elementos.

Es sabido que el agua es una sustancia dada por la composición química de dos elementos: hidrógeno y oxígeno. Pero estos elementos forman el agua sólo en presencia de una determinada correlación cuantitativa. Si a cada parte en peso de hidrógeno, corresponden ocho partes en peso de oxígeno, el agua se obtiene como resultado de esta correlación cuantitativa. Intentemos ahora cambiar la cantidad de los elementos que entran en el agua: dupliquemos la cantidad de oxígeno sin introducir en esta composición ningún otro elemento nuevo. Obtendremos una nueva correlación cuantitativa de estos mismos elementos: por cada parte en peso de hidrógeno hay ahora 16 partes en peso de oxígeno. Obtenemos a la vez una nueva calidad: el peróxido de hidrógeno.

Este mismo experimento se puede hacer con otros elementos. La composición química de siete partes de hierro y cuatro partes de azufre da el hierro azufroso. Agregad al azufre cuatro partes más y con las mismas siete partes de hierro obtendréis una nueva calidad de mineral: la pirita azufrada. De esta manera, los procesos químicos confirman plenamente la ley dialéctica del cambio de cantidad en calidad: «En la biología, al igual que en la historia de la sociedad humana, se comprueba a cada paso la misma ley...»[55].

¿Cómo se efectúa el desarrollo del organismo de un huevo fecundado? Antes de la fecundación, el huevo es una célula, después de la fecundación, como consecuencia de su unión con el espermatozoide, el huevo representa ya una nueva calidad. Es ya un feto unicelular. ¿Qué pasa después con la nueva célula?

---

55 Engels, F., *Dialéctica de la naturaleza*, op. cit., p. 46.

Al desarrollarse, se multiplica cuantitativamente, se desdobla, y de ella nace un feto multicelular. De una sola célula se forman muchas, centenares de células. El ulterior desdoblamiento y diferenciación de la célula conduce a la formación de los órganos del futuro ser vivo y, por último, aparece el organismo vivo. «Todos los organismos multicelulares –plantas y animales, incluyendo al hombre– brotan de una célula cada uno, con arreglo a la ley del desdoblamiento celular»[56].

Recordemos ahora cómo los hombres, mediante la selección artificial, logran perfeccionar las mejores especies de animales y de vegetales. Al advertir en uno u otro ejemplar de animal o de vegetal inclinaciones casuales y útiles para sus objetivos prácticos, y basándose en la variabilidad y hereditarismo de los seres orgánicos, los hombres logran cambiar la especie, modificar sus cualidades.

> Se comprende toda la utilidad que el hombre puede extraer de estas dos propiedades de los seres orgánicos: la variabilidad le suministra una rica selección de variaciones, la herencia le da posibilidad de consolidarlas. De esta manera puede el hombre acumular, rasgo por rasgo, los más finos matices de la variabilidad, recibiendo, en resumen, en el transcurso de varias generaciones, variaciones muy considerables y plenamente definidas[57].

Como ve el lector, la acumulación *cuantitativa*, operada de generación en generación, de «los más finos matices de la variabilidad» en una determinada fase, produce el nacimiento de nuevas clases de especies orgánicas superiores, *cualitativamente* nuevas.

También en el terreno de las relaciones sociales, en una determinada fase, los cambios cuantitativos de los fenómenos se convierten en diferencias cualitativas. Tomemos, por ejemplo, la comunidad primitiva de clanes. Las normas de la comunidad de clanes, la posesión colectiva de los medios de producción, la forma de administración, todo el régimen de esta sociedad se basaba en un nivel muy bajo de las fuerzas productivas. La división del

---

56 Ibid., p. 167.

57 Timiriazev, K. A., (1939), «Carlos Darwin y su doctrina», *Obras*, vol. VII, pp. 119-20. [En ruso].

trabajo social y, en relación con ella, el crecimiento de la productividad del trabajo, el aumento cuantitativo de las fuerzas productivas, crearon la base objetiva para la sustitución de la propiedad colectiva por la privada, y después, también, para la transformación de la sociedad comunista primitiva en sociedad de clases. Una sociedad dividida en clases de las cuales la mayoría aplastante de esclavos, siervos o proletarios trabaja y da a la otra, un pequeño grupo dominante, la posibilidad de no tener que dedicarse al trabajo manual, sólo pudo aparecer cuando el nivel cuantitativo de las fuerzas productivas permitió a una parte de la sociedad sostener a la otra. Durante las primeras fases de desarrollo de la comunidad de clanes, se mataban los prisioneros o los convertían en miembros libres de la comuna. Esto era natural con un bajo nivel de las fuerzas productivas. La comunidad primitiva sólo podía con su trabajo obtener los recursos más indispensables para mantener su propia existencia. Bajo estas condiciones de producción de medios de existencia, los prisioneros, convertidos en esclavos, no hubieran reportado utilidad alguna a la comuna. Pero cuando las fuerzas productivas aumentaron y el hombre pudo ya producir más productos de los que necesitaba para su propia subsistencia, los prisioneros comenzaron a ser convertidos en esclavos y a ser explotados. De esta manera, la aparición de unas y otras formas sociales está ligada de la manera más íntima a los cambios cuantitativos de la producción material.

La sociedad de clases sólo apareció en una determinada fase de desarrollo de las fuerzas productivas, en una fase superior con respecto a la comunidad primitiva. Pero la existencia de la sociedad dividida en clases es a su vez el testimonio de que el nivel de producción aún no es alto.

> La escisión de la sociedad en una clase explotadora y otra explotada, en una clase dominante y otra sometida, fue consecuencia necesaria del escaso desarrollo anterior de la producción. Mientras el trabajo social total no suministra más que un fruto reducido, que supera en poco lo exigido para la existencia más modesta de todos los miembros de la sociedad, mientras, pues, el trabajo requiere todo el tiempo, o casi todo el tiempo de la gran mayoría de los miembros de la sociedad, esta se divide necesariamente en clases.

[...] la división en clases tiene cierta justificación histórica, esta vale solo para un determinado tiempo, para determinadas condiciones sociales. La división en clases se basó en la insuficiencia de la producción, y será barrida por el pleno despliegue de las fuerzas productivas modernas. La supresión de las clases sociales tiene efectivamente como presupuesto un grado de desarrollo histórico en el cual sea un anacronismo, cosa anticuada, no ya la existencia de tal o cual clase dominante, sino el dominio de clase en general, es decir, las diferencias de clase mismas. Tiene, pues, como presupuesto un alto grado de desarrollo de la producción en el cual la apropiación de los medios de producción y de los productos por una determinada clase social –y con ella el poder político, el monopolio de la instrucción y la dirección intelectual por dicha clase– se haya hecho no solo superflua, sino también un obstáculo económico, político e intelectual para el desarrollo. A este punto hemos llegado ya.[58]

Estas líneas descubren de una manera formidable la dependencia existente entre las diferencias cualitativas de las formas sociales y los cambios cuantitativos. El socialismo presupone un desarrollo tan alto de las fuerzas productivas que excluye la explotación del hombre por el hombre, la opresión de una clase social por otra ¿Podía haberse organizado la producción socialista a fines, digamos, del siglo XVII? Claro que no. El nivel de la producción era todavía bajo e insuficiente para el socialismo, entre las clases de la sociedad de aquel período aun no aparecía el proletariado, la clase bajo cuya dirección las masas populares han de destruir la sociedad explotadora y crear la sociedad socialista. El proletariado es el producto del modo capitalista de producción. Bajo el capitalismo se crean también las premisas materiales para el nacimiento del régimen socialista. En el *Manifiesto Comunista*, Marx y Engels escribían que el capitalismo «se asemeja al mago que ya no es capaz de dominar las potencias infernales que ha desencadenado con sus conjuros». Las inmensas fuerzas productivas a que ha dado vida no pueden, en modo alguno, conciliarse con la voluntad y los deseos de su amo: «La fuerza expansiva de los medios de producción rompe las ataduras que les pone el modo

---

58 Engels, F., (1977), *Anti-Dühring*, op.cit., pp. 292-93.

de producción capitalista»[59]. La dictadura proletaria desbroza el camino para el desarrollo ilimitado de las fuerzas productivas, no visto hasta ahora en la historia de la sociedad, en interés y en beneficio de toda la humanidad trabajadora.

No vamos a citar más ejemplos. Basándose en los citados de las obras de los clásicos del marxismo-leninismo, el lector puede hallar solo una multitud de hechos que demuestran la acción de la ley del tránsito de la cantidad a calidad en el terreno de la evolución social.

Hasta ahora hemos analizado las transformaciones cualitativas de los objetos en relación con sus cambios cuantitativos. Es lógico plantear ya la siguiente pregunta: Y los cambios cualitativos de los objetos, ¿tienen alguna influencia sobre la cantidad? Los mismos ejemplos que hemos citado y otros hechos de la realidad, dan también la posibilidad de orientarse en este problema.

Volvamos al ejemplo de la selección artificial. El objetivo de la selección, de cualquier clase superior de vegetales, por ejemplo, una vez logrado su mejoramiento, consiste en aumentar su fertilidad y obtener una mayor cantidad del vegetal. De esta manera, el cambio de la calidad del vegetal persigue el objetivo de crear también el cambio en su cantidad. K. A. Timiriázev habla de una clase de trigo obtenida a consecuencia de la selección realizada en el curso de cinco años. Uno de los 87 granos sembrados produjo al año siguiente 688 granos (10 espigas), de los cuales cada uno a su vez produjo ya al año siguiente 1.190 granos (17 espigas). Al tercer año se obtuvo ya de cada grano de estas últimas espigas 2.145 granos (39 espigas). Como vemos, el cambio cualitativo del trigo está relacionado con el cuantitativo. Se podrían citar muchos ejemplos idénticos de la práctica de las estaciones seleccionadoras soviéticas.

Vamos a citar algunos ejemplos tomados del campo de la evolución de la sociedad. La sociedad feudal, en virtud de las leyes que le eran inherentes, creó las condiciones para la transformación del feudalismo en capitalismo, como una formación social cualitativamente nueva. Pero, ¿qué es cualitativamente un fenómeno

---

59 Idem.

nuevo? Sería incorrecto pensar que la nueva calidad se diferencia de la vieja sólo por su aspecto exterior. En realidad, se diferencia por toda su estructura, su contenido, sus *leyes* de desarrollo.

Las leyes que rigen el modo capitalista de producción son completamente distintas de las que regían la economía feudal. Las nuevas leyes del modo capitalista de producción ejercen una influencia decisiva sobre el cambio del nivel cuantitativo de las fuerzas productivas de la sociedad. La sociedad capitalista elevó las fuerzas productivas a un nivel con el que no soñaron ni podían soñar las sociedades anteriores. Se puede citar un ejemplo curioso para ilustrar este hecho. Los ingenieros americanos han hecho el cálculo de que una pirámide egipcia, para cuya construcción se necesitó el trabajo de 100 mil esclavos durante 30 años, con la moderna técnica capitalista exigiría únicamente el trabajo de 100 obreros durante un año.

Lo mismo sucede con la sociedad socialista, comparada con la capitalista. Todo el mundo se asombra de la rapidez del desarrollo de la economía nacional en la URSS. Los ritmos de su desarrollo son efectivamente desconocidos en la historia del progreso social. Y ello tiene una simple explicación. Las leyes que rigen la sociedad socialista, es decir, leyes que cualitativamente se distinguen de las del capitalismo, crean todas las condiciones para el más alto crecimiento de las fuerzas productivas.

De esta manera, las relaciones recíprocas entre el lado cualitativo y el cuantitativo de las cosas tienen un carácter bilateral. El cambio cuantitativo de una cosa conduce a la formación de una nueva calidad, la nueva calidad determina una cantidad completamente nueva, nuevas proporciones cuantitativas.

Esta influencia mutua se manifestó de una manera ostensible en el siguiente caso de la construcción socialista en la Unión Soviética. Lenin y Stalin dijeron reiteradamente que, sin la industrialización del país, sin el cambio de sus bases técnicas, no era posible cambiar su economía, es decir, transformar la economía rural diseminada de pequeña mercancía, en una economía grande, socialista. Por otra parte, el camarada Stalin dijo que una simple unificación en koljoses de las pequeñas economías campesinas diseminadas aumenta en muchas veces su fuerza con respecto a las anteriores, cuando trabajaban individualmente:

> [...] la simple aportación de los instrumentos campesinos al fondo común de los koljoses produce efectos con los que ni siquiera habían soñado nuestros prácticos del movimiento koljosiano. ¿En qué se acusan estos efectos? En que el paso de los campesinos a los koljoses se ha traducido en un aumento del 30, del 40 y del 50 por 100 de la superficie de cultivo[60].

Se comprende que cuando la unificación en economías colectivas se unió al inmenso desarrollo técnico, su fuerza aumentó todavía más. Tras de un pequeño lapso los koljoses y sovjoses comenzaron a producir más cereales de los que hasta entonces había producido toda la economía rural, incluidos los kulaks. La calidad se transformó en cantidad.

Por consiguiente, no sólo los cambios cuantitativos de una cosa tienen la peculiaridad de provocar cambios cualitativos, sino también sus cambios cualitativos están internamente ligados con el cambio de su cantidad. Estas peculiaridades y capacidades de las cosas y fenómenos del mundo objetivo se expresan también por la ley dialéctica del tránsito de cantidad a calidad y viceversa, de calidad a cantidad.

3

La evolución de la naturaleza es así el cambio cualitativo de los fenómenos, el nacimiento de cosas nuevas. Durante las primeras fases del desarrollo de cualquier fenómeno, la evolución tiene un carácter paulatino; pero este proceso no puede prolongarse indefinidamente: en una determinada fase, según leyes, se efectúa, necesariamente, la transformación de los cambios cuantitativos en cualitativos. Pero, ¿qué significa esta transformación y cómo hay que interpretarla? ¿En qué relación se halla con el proceso precedente de la evolución paulatina?

---

60 Stalin, I., *Cuestiones del leninismo*, op. cit., p. 285.

La metafísica da la siguiente contestación a estas preguntas: el desarrollo representa un movimiento *continuo*, una evolución *ininterrumpida*. Los mencheviques y los socialdemócratas modernos presentaban y presentan el nacimiento de la sociedad socialista como un proceso de transición pacífica, evolucionista, del capitalismo al socialismo. Se comprende que, desde este punto de vista, el desarrollo sólo es un movimiento cuantitativo y continuo. Se desconoce la transformación cualitativa. Veamos, sin embargo, cuál es la realidad de las cosas.

El hombre muere al alcanzar la vejez. Hasta el último momento de su vida no deja de ser hombre y la vida no deja de ser vida. La muerte aparece súbitamente, a manera de salto, y junto con ella el hombre deja de ser hombre, una calidad se convierte en otra, la vida se convierte en muerte.

Las condiciones objetivas para el derrocamiento del capitalismo y para la organización del modo socialista de producción en los actuales países capitalistas están maduras hace mucho tiempo, pero no por eso deja el capitalismo, ni en vísperas de su muerte, de ser capitalismo. Sólo la revolución proletaria, el salto revolucionario, destruye la dictadura de la burguesía e instaura la dictadura de la clase obrera.

¿Qué demuestran estos ejemplos? Ante todo, que el desarrollo no tiene sólo un carácter evolucionista, sino que también se opera a saltos. El proceso del desarrollo gradual, lento, conduce al cambio de la calidad de los objetos. El momento de la transformación cualitativa marca la solución de continuidad, la ruptura del movimiento continuo. El desarrollo, por consiguiente, es la unidad de la continuidad y de la discontinuidad, de la evolución y la revolución. El objeto o el fenómeno, al desarrollarse gradualmente, al cambiar cuantitativamente, se transforma de un salto en otro objeto, en otro fenómeno. El nacimiento de la nueva calidad es el punto crucial del desarrollo. El salto, la ruptura del desarrollo lento, gradual, marca el nacimiento de un nuevo fenómeno, de una cosa nueva.

La evolución, el movimiento en la naturaleza y en la sociedad, se realiza en una línea ascendente, de lo inferior y simple a lo superior y compuesto. Lo característico de la realidad no es pisar en un mismo sitio, moverse en un círculo cerrado e inmutable, sino el movimiento de avance en el que las formas inferiores ceden su lugar a las superiores.

> Por eso, el método dialéctico entiende que los procesos de desarrollo no deben concebirse como movimientos circulares, como una simple repetición del camino ya recorrido, sino como movimientos progresivos, como movimientos en línea ascensional, como el tránsito del viejo estado cualitativo a un nuevo estado cualitativo, como la evolución de lo simple a lo complejo, de lo inferior a lo superior[61].

Imaginémonos el cuadro del nacimiento y evolución de la vida en la Tierra, conforme a los datos que la ciencia ha alcanzado. La ciencia no ha podido todavía demostrar experimentalmente cómo de la naturaleza muerta, inorgánica, surgieron los primeros reflejos de la vida. Los intentos de crear por vía química un ser vivo no han sido aún coronados por el éxito, sin embargo, no cabe duda alguna de que la primitiva forma de la que nació la célula viva, la albúmina, apareció como resultado de combinaciones químicas continuas de elementos de la naturaleza inorgánica. Pero la albúmina ya no es naturaleza muerta, sino un principio de vida. En la serie cuantitativa de la formación de seres vivos, este es el primer nudo cualitativo que la naturaleza suscita en el curso de su desarrollo. La albúmina, aunque compuesta de los mismos elementos que la naturaleza muerta, se diferencia cualitativamente de esta última de una manera radical.

> Hubieron de pasar probablemente miles de años antes de que presentaran las condiciones en que, dándose el siguiente paso de avance, pudo esta albumina informe crear la primera célula, mediante la formación del núcleo y la membrana. Pero, al aparecer la primera célula, se sentó, al mismo tiempo, la base para la formación de todo el mundo orgánico; primeramente, se desarrollaron, según podemos conjeturar a base de toda la analogía del archivo paleontológico, innumerables especies de protistas acelulares y celulares, [...] partiendo de las cuales algunas se diferenciaron gradualmente para formar las primeras plantas y otras para dar vida a los prime-

---

61   *Historia del PC(b) de la URSS,* op. cit., p. 123-24.

ros animales. Y, partiendo de los animales primarios, se desarrollaron, principalmente por un proceso de ulterior diferenciación, las innumerables clases, ordenes, familias, géneros y especies animales y, por último, la forma en que el sistema nervioso alcanza su grado más alto de desarrollo, la de los animales vertebrados y, entre estos, finalmente, el animal vertebrado en el que la naturaleza cobra conciencia de sí misma: el hombre[62].

Al trazar este majestuoso cuadro de la evolución del mundo vivo, Engels se remite a los datos irrefutables de la ciencia sobre los animales muertos, la paleontología.

Dirijámonos también a estos «archivos paleontológicos». Las excavaciones geológicas revelan en diversas capas de la tierra los más variados y disímiles restos de animales. Gracias a ello se logró restablecer el cuadro general de la evolución de la vida sobre la Tierra.

El tiempo geológico se divide en cuatro épocas o eras, desde los tiempos más antiguos hasta la época moderna. Y si se sigue el cambio operado en el mundo de los animales desde la era más antigua, arcaica, hasta el cuarto período, es decir, durante un inmenso lapso de no menos de 300 millones de años, se obtiene el siguiente cuadro. De la era primaria, la más antigua, han quedado pocas señales de los seres vivos que poblaban la Tierra. Eran crustáceos, moluscos, etc. Los restos de la era secundaria dan la idea de un mundo de vida más rico y variado. Además de los crustáceos y moluscos, existían peces de coraza, seres anfibios y, por último, las primeras clases de reptiles. La era terciaria da un cuadro de vida más rico aún. Seres vivos pueblan ya el mar, el aire y la tierra. Son, principalmente, reptiles: cocodrilos, tortugas, serpientes, ictiosauros, lagartos, etc. De vez en cuando aparecen también restos de mamíferos. Por último, la era cuaternaria es el período de los mamíferos. El mundo de los seres vivos comienza a recordar cada vez más el actual mundo de los animales. A principios del período cuaternario aparece el hombre. Tal es, en resumen, el cuadro de evolución de la vida, según se ha logrado restaurar guiándose por las observaciones de los restos

---

62 Engels, F., *Dialéctica de la naturaleza*, op. cit., pp. 14-15.

de animales. Como puede ver el lector, este cuadro no tiene nada de común con la idea de un solo proceso cuantitativo, gradual, de evolución. Desde las formas más simples de la vida hasta el hombre actual, la evolución atravesó cambios cualitativos de la vida en forma de saltos. De las formas más simples se crearon formas compuestas, y estas, en virtud de una serie de circunstancias, espléndidamente demostradas por la teoría de la selección natural, se convirtieron en formas cualitativamente nuevas, más complejas aún. Los constantes cambios cuantitativos fueron interrumpidos por el nacimiento de nuevas cualidades.

El archivo paleontológico termina en el hombre. Pero el hombre, que pertenece al mundo de los animales, es, a la vez, cualitativamente distinto de todo ese mundo. El hombre es un ser social. Y si sustituimos o enlazamos el archivo paleontológico con el social, histórico, veremos el mismo cuadro de evolución: cambios, movimientos cualitativos en línea ascensional. ¿Qué representa la historia de la sociedad humana? Es la historia del desarrollo y de la sustitución de unas formaciones económico-sociales por otras, de inferiores por superiores. La historia no implica una finca continua de movimiento, una línea sin saltos, sin revoluciones, sin catástrofes, sin solución de continuidad. Todo lo contrario, los hechos demuestran que la evolución gradual de la sociedad siempre, en todos los tiempos, ha conducido al salto, al cambio del régimen social.

Así, pues, cualquier ejemplo que tomemos nos convence de una misma cosa: hay que interpretar el movimiento en la naturaleza o en la sociedad como un cambio cualitativo, como la transformación de una cualidad en otra, como «un desarrollo a modo de saltos, catastrófico, revolucionario» *(Lenin)* como la evolución de lo inferior y simple, a lo superior y compuesto. La sustitución de lo viejo por lo nuevo, la renovación perpetua de la vida, es una ley de la naturaleza. La transformación de los cambios cuantitativos en cambios cualitativos es una de las causas universales y decisivas de esta renovación perpetua.

4

Es difícil sobreestimar el valor rector del principio de evolución concebido como cambio cualitativo, tanto en el conocimiento, como en el análisis científico y en la lucha revolucionaria. Por eso deben provocar la crítica más intensa todas esas teorías encubiertas con la máscara del marxismo que van contra esta ley irrefutable de la dialéctica materialista.

Como todas las de la dialéctica materialista, esta ley es revolucionaria por su propia esencia. La ley del tránsito de la cantidad a calidad demuestra que la muerte de lo viejo y el crecimiento de lo nuevo es una ley de la evolución. Se comprende entonces por qué todos los que quieren lo viejo y odian lo nuevo, se manifiestan en contra de esta ley de la dialéctica. Todos los reaccionarios, todos los defensores de lo viejo, se han unido en el terreno de las ciencias naturales para negar la evolución como cambio cualitativo, como nacimiento de lo nuevo. Para muchos reaccionarios, este desconocimiento sirve de medio para sentar las bases de la religión, del clericalismo.

No hace mucho apareció todo un grupo de llamados mecanicistas intentando demostrar que la ciencia moderna no tiene necesidad de la ley del tránsito de cantidad a calidad. La ciencia ha demostrado, decían, que el fundamento de todo fenómeno es el movimiento de la materia. Este último, a su vez, es el desplazamiento cuantitativo, espacial, de los átomos y electrones. El fundamento de cualquier fenómeno que analicemos siempre es el desplazamiento cuantitativo de los átomos en el espacio. No existen cambios cualitativos en la naturaleza. Todo se reduce al movimiento cuantitativo.

No cabe duda que el fundamento de las formas de movimiento como el calor, la electricidad, la composición y descomposición anímicas, etc., es el movimiento de la materia, el movimiento de los átomos y electrones. Tampoco hay duda de que el fundamento de todos los fenómenos, tanto de la naturaleza viva como muerta, son unas y las mismas sustancias. Pero he aquí que la unificación de estas diversas sustancias de la naturaleza muerta, gracias a determinadas condiciones favorables sobre la

Tierra, conduce a la formación de la vida, de la albúmina viva, ¿hay alguna diferencia de principio, *cualitativa*, entre la naturaleza viva y la muerta? ¿Se puede «reducir» la albúmina viva a las sustancias elementales de cuya unificación ha nacido? Los mecanicistas estiman que sí, que se puede. Pero entonces desaparece la diferencia entre la vida y la no-vida. Se puede descomponer un ser vivo en sus partes diferentes, integrantes, pero entonces la vida deja de ser vida. Los sabios al fin sabrán, tarde o temprano, la composición de la albúmina, ¿pero esto significará que las leyes superiores de la vida quedarán «reducidas» a leyes inferiores, que entre ellas desaparecerá la diferencia cualitativa? Engels escribe: «No cabe duda de que podemos "reducir" experimentalmente el pensamiento a los movimientos moleculares y químicos del cerebro, pero ¿acaso agotamos con ello la esencia del pensamiento?»[63].

Claro está, el pensamiento es el producto del movimiento material, el resultado de este movimiento. Pero el raciocinio está ligado sólo a una determinada forma de la materia, a la altamente organizada. Si, como afirman los mecanicistas, el raciocinio fuera tan sólo el desplazamiento de los átomos en el espacio, si representara únicamente un movimiento cuantitativo, entonces debería ser la peculiaridad de *cualquier materia*. ¿Cómo explicar el hecho de que el raciocinio sólo haya aparecido como peculiaridad de la materia altamente organizada, sino porque es el producto cualitativo de otra forma del movimiento? Se puede descomponer el agua en sus elementos integrantes, el hidrógeno y el oxígeno. Pero ni el hidrógeno, ni el oxígeno son agua por sí mismos, y sólo su combinación da el agua, una nueva calidad que se diferencia de cada uno de esos dos elementos que la componen.

---

63 TR: Dice Marx en *El Capital*, en el epígrafe dedicado al fetichismo de la mercancía, que: «Hasta el presente, todavía no hay químico que haya descubierto en la perla o el diamante el valor de cambio». Rosental, de la mano de Engels, remarca aquí uno de los principios fundamentales del materialismo dialéctico: la irreductibilidad de la realidad a una determinación física o corpórea última, la inconmensurabilidad entre diferentes realidades, frente a aquellos que identifican lo material con lo sensible, aún hoy amparándose en un supuesto materialismo ortodoxo.

Desde el punto de vista de los mecanicistas no hay ninguna diferencia cualitativa entre el ictiosauro y el hombre. Tanto el uno como el otro representan el movimiento cuantitativo de los átomos en el espacio. ¿De dónde proceden entonces todas las variedades cualitativas del mundo, de las que fehacientemente nos habla la paleontología?

Los mecanicistas llegan, en consecuencia, al idealismo más puro. Pero en realidad, pese a la negación de los mecanicistas, las diferencias cualitativas no dejan de existir. Por lo que hay necesidad de explicarlas de algún modo. La habitual explicación de los mecanicistas consiste en declarar la calidad como una categoría netamente subjetiva. Todo depende del sujeto. Esta es una conclusión forzosa. Puesto que el movimiento cuantitativo de los átomos lo es todo, las cosas y los fenómenos del mundo no tienen cualidad por sí mismos. El hombre es quien crea por tanto toda la múltiple variedad del mundo. Y así lo decían los mecanicistas: «El mundo de las cosas es en sí mismo incoloro, sin belleza y sin sonido».

La historia de la filosofía conoce no pocos ejemplos de cómo emplearon los idealistas la limitación del materialismo mecanicista y de la teoría mecanicista de la evolución, para sus objetivos idealistas. Los idealistas decían a los mecanicistas: «Vosotros afirmáis que la materia carece en sí misma de cualidades, que es inerte. Muy bien, estamos de acuerdo. Pero, surge una pregunta: ¿de dónde procede la variedad del mundo, toda la riqueza de la naturaleza, todas las maravillas de la vida?». Y a este problema le dieron una solución idealista. Algunos afirmaban que el mundo de los objetos sólo es un complejo, la suma de las sensaciones subjetivas del hombre. Los otros, de manera más simple, directa, sin ingeniarse demasiado, invocaban a Dios, creador de todas estas maravillas. Lo pernicioso del desconocimiento de los cambios cualitativos en la evolución se manifiesta con particular nitidez en el campo de las relaciones sociales.

¿Es admisible «reducir» las leyes de la evolución social a un desplazamiento cuantitativo de los átomos? Los mecanicistas estiman que sí, que es plenamente admisible. Desde su punto de vista no hay diferencia alguna de principio entre el campo de la química, el de la física y el de las relaciones sociales; en todas partes actúan unas y las mismas leyes del movimiento de los átomos. Algunos mecanicistas lo admiten con cierto rubor, otros lo declaran abiertamente. Pero todos, de una u otra manera, convienen en que el dominio total de las relaciones humanas y de los procesos de la vida social está sujeto a la ley de la conservación de la energía. Los mecanicistas más francos declaran directamente que el marxismo debe ser una sección de la física.

Pero los mecanicistas no tienen nada de originales. Sólo repiten lo que centenares de sabios sirvientes de la burguesía predican diariamente para los filisteos. Muchas «teorías» se han creado acerca de las leyes de la lucha por la existencia en la sociedad, sobre la influencia de las manchas solares en el movimiento revolucionario social, o sobre la analogía entre el organismo biológico y el «organismo social», o el «balance energético» en la sociedad, etc., etc. Y han aparecido «sabios» que hasta compusieron «cuadros científicos» destinados a demostrar que la «irritabilidad» de las masas populares coincide con la aparición periódica de manchas en el sol. De esta «coincidencia» deducían la «ley» de la dependencia de los movimientos y revoluciones populares, y de los procesos que se efectúan en el sol, que de alguna manera excitan a las masas. Todo ello se ha hecho en interés de la burguesía, para tranquilizar al atemorizado burgués. Al criticar estas «teorías», Lenin decía que son muy oportunas, ya que teniendo la apariencia de «científicas» lo importante de ellas es que adormecen muy bien al burgués «velando lo principal y fundamental: la división de la sociedad en clases irreconciliablemente enemigas»[64].

Metodológicamente, todas estas «teorías» se derivan del olvido de que la evolución tiene un carácter de cambio cualitativo, que las formas superiores del movimiento tienen sus leyes de movimiento cualitativamente distintas y, por tanto, no pueden ser reducidas a formas inferiores. En efecto, ¿qué puede ofrecer para la comprensión de la lucha de clases la ley

---

64 Lenin, V.I., (s.f.), «El Estado y la revolución», en *Obras completas*, vol. XXXIII, Editorial Progreso, p. 10.

de la conservación de energía? ¿Cómo puede nadie orientarse por vía «físico-química» en los complejos problemas de estrategia y táctica de la lucha de clases? Claro que la forma del movimiento está vinculada a los movimientos físico, químico y mecánico. El hombre –ser biológico– no puede desempeñar sus funciones vitales al margen de esas formas inferiores del movimiento. En él tienen lugar también procesos químicos: se traslada, por ejemplo, de acuerdo con las leyes del desplazamiento «puramente» mecánico en el espacio, etc. Pero todos estos procesos, como lo hizo notar Engels, son una forma accesoria en relación con la forma principal. Las leyes de la sociedad tienen su carácter específico, y no pueden ser reducidas a ninguna otra forma de movimiento[65].

En el *Compendio de Historia del PC(b) de la URSS* se señala el inmenso valor práctico de la ley del tránsito de cantidad a calidad para la lucha revolucionaria, para la comprensión de las leyes que rigen el desarrollo social.

> Si el tránsito de los lentos cambios cuantitativos a los rápidos y súbitos cambios cualitativos constituye una ley del desarrollo, es evidente que las transformaciones revolucionarias llevadas a cabo por las clases oprimidas representan un fenómeno absolutamente natural e inevitable.

> Esto quiere decir que el naso del capitalismo hacia al socialismo y la liberación de la clase obrera del yugo capitalista no puede realizarse por medio de cambios lentos, por medio de reformas, sino sólo mediante la transformación cualitativa del régimen capitalista, es decir, mediante la revolución. Esto quiere decir que, en política, para no equivocarse, hay que ser revolucionario y no reformista[66].

---

65 TR: Por aportar algunos nombres, Nicole Laurin-Frenette, en *Las teorías funcionalistas de las clases sociales. Sociología e ideología burguesa,* muestra como autores tan importantes de la tradición sociológica como Pareto, Mosca, Michels, Weber o Shumpeter acaban recurriendo a los instintos, aptitudes hereditarias o psicológicas individuales para explicar la estratificación social. Seguramente no sean estos autores los que Rosental tenía en mente cuando escribía esto, pero conviene señalar ejemplos a los que se sigue recurriendo, con todos los matices y reinterpretaciones que se quiera, en corrientes científicas y disciplinas contemporáneas.

66 *Historia del PC(b) de la URSS,* op. cit., p. 127-28.

Los oportunistas y los reformistas de todos los matices niegan la revolución como la vía de tránsito del capitalismo al socialismo. En su ayuda acude la teoría metafísica, que afirma que el desarrollo tiene un carácter puramente cuantitativo, en la naturaleza no existen cambios cualitativos. Los reformistas sacan de aquí la deducción de que el capitalismo se transforma en el socialismo por vía pacífica, mediante una evolución fluida. Consideran como crecimiento del socialismo el desarrollo puramente cuantitativo del capitalismo, la acumulación cuantitativa de riquezas en la sociedad. En la «democracia» burguesa, en los parlamentos, etc., ven trozos hechos del socialismo que se han desarrollado ya en las entrañas del régimen capitalista.

La experiencia de la revolución proletaria en la URSS demostró prácticamente que sólo el derrocamiento violento, revolucionario, de la dictadura de la burguesía, que sólo mediante el salto revolucionario, se pueden crear las condiciones para la construcción de la sociedad socialista. En su lucha por el socialismo, los bolcheviques, como revolucionarios proletarios y no reformistas, se guiaron por las leyes dialécticas del desarrollo de la sociedad y por eso han triunfado. El desconocimiento de la mutabilidad *cualitativa* del movimiento, y el del nacimiento, junto con los cambios cualitativos, de nuevas leyes, nuevas situaciones y condiciones, fue siempre el arma metodológica de toda clase de tendencias antileninistas y hostiles al Partido Bolchevique.

Citaremos un ejemplo de la reciente historia de este Partido. Se trata de las disputas en torno al problema de la construcción del socialismo en un solo país. Es bien sabido que esta fue una disputa sobre la vida o la muerte de la revolución rusa, de las perspectivas del socialismo, del desarrollo de la revolución proletaria. Los trotskistas y zinovievistas afirmaban que, al tomar el poder en sus manos, el proletariado de un solo país no podría por sus propias fuerzas construir el socialismo; que, sin el triunfo del proletariado en otros países, la revolución estaba condenada inevitablemente a la muerte. No hace falta demostrar ahora que esta «teoría» expresaba la fe y la esperanza de toda la burguesía internacional, que con esta «teoría», los trotskistas y zinovievistas sólo perseguían el objetivo de sembrar entre los proletarios la desconfianza, la pasividad, el pesimismo y la indiferencia. El Partido aplastó a los trotskistas y zinovievistas defendiendo la tesis leninista de la posibilidad de la construcción del socialismo en la URSS. El camarada Stalin, en una serie de intervenciones que ponen al desnudo la esencia contrarrevolucionaria de la oposición, desenvolvió la doctrina marxista-leninista acerca de este problema.

Uno de los argumentos de los trotskistas era una cita de Marx y Engels en la que aparecían afirmando que no se puede construir el socialismo en un solo país. Marx y Engels, tomando en consideración las condiciones del capitalismo *preimperialista,* estimaban que, debido a que «el movimiento de la sociedad burguesa todavía camina por una línea ascensional», no es posible el triunfo del socialismo en países aislados. Aferrándose a esta tesis de Marx y Engels, los trotskistas y zinovievistas sacaron la conclusión de que el triunfo del socialismo en un solo país era imposible siempre.

> ¿Se desprende de las citas de Marx que la victoria del socialismo en uno u otro país es imposible *cualesquiera* que sean las condiciones de desarrollo del capitalismo? No, no se desprende eso. De las palabras de Marx se desprende únicamente que la victoria del socialismo en uno u otro país es imposible sólo si «el movimiento de la sociedad burguesa sigue todavía en línea *ascendente*». ¿Y qué habrá que hacer si el movimiento de la sociedad burguesa en su conjunto, por la fuerza misma de los acontecimientos, cambia de dirección y empieza a ir en línea *descendente*? De las palabras de Marx se desprende que en *esas* condiciones desaparece el fundamento para negar la posibilidad de la victoria del socialismo en uno u otro país.[67]

Y el camarada Stalin, sobre la base del análisis concreto de dos períodos del desarrollo del capitalismo, demostró que la conclusión a la que había llegado la oposición estaba construida sobre el desconocimiento de las *condiciones cualitativamente nuevas* que surgen en el período monopolista del capitalismo, a

---

67 Stalin, I., (1953), «VII Pleno ampliado del CE de la IC. Resumen de la discusión», en *Obras Completas*, vol. IX, Ediciones en Lenguas Extranjeras, p. 90.

diferencia de su período premonopolista. Lenin, tomando precisamente en consideración esta *diferencia* de condiciones, y apoyándose en la ley descubierta por él sobre el desarrollo desigual del capitalismo en la época imperialista, afirmó que era posible el triunfo del socialismo, al principio en algunos y aún en un solo país capitalista por separado y, en cambio, era imposible el triunfo simultáneo del socialismo en todos los países.

El imperialismo, el capitalismo monopolista, sin duda alguna, es la evolución, la continuación del capitalismo en general. Pero dejar de ver por eso la profunda diferencia que existe entre el nuevo período del desarrollo del capitalismo y el viejo significa suplantar la teoría dialéctica de la evolución por la metafísica. Lenin escribía que

> el capitalismo se trocó en imperialismo capitalista únicamente cuando llegó a un grado determinado, muy alto, de su desarrollo, cuando algunas de las características fundamentales del capitalismo comenzaron a convertirse en su antítesis, cuando tomaron cuerpo y se manifestaron en toda la línea los rasgos de la época de transición del capitalismo a una estructura económica y social más elevada[68].

Está claro que lo nuevo en el desarrollo del capitalismo no pudo dejar de cambiar, de una manera radical, las condiciones para la revolución. El camarada Stalin dijo que en el período premonopolista, cuando el capitalismo en general caminaba por una línea ascendente,

> El capitalismo se desarrollaba entonces más o menos suavemente, más o menos evolutivamente, y unos países se adelantaban a otros en el transcurso de largo tiempo, sin saltos y sin que fueran necesarios choques bélicos en escala mundial. Ahora no se trata de esa desigualdad.

> ¿Qué es, pues, en tal caso, la ley de la desigualdad del desarrollo de los países capitalistas bajo el imperialismo? La ley de la desigualdad del desarrollo en el período del imperialismo significa el desarrollo a saltos de unos países con respecto a los otros, el rápido desalojamiento del mercado mundial de unos países por otros, los

---

68 Lenin, V.I., (1986), *El imperialismo, fase superior del capitalismo*, en *Obras Completas*, vol. XXVII, Editorial Progreso, p. 404.

repartos periódicos del mundo ya repartido, mediante choques bélicos y catástrofes bélicas, el ahondamiento y la agudización de los conflictos en el campo del imperialismo, el debilitamiento del frente del capitalismo mundial, la posibilidad de la ruptura de este frente por el proletariado de uno u otro país, la posibilidad de la victoria del socialismo en uno u otro país[69].

Como ve el lector, el planteamiento de Lenin y de Stalin se basa íntegramente en la teoría dialéctica del desarrollo. La negación de la posibilidad de la construcción del socialismo en un solo país reposa, teóricamente, en «la disimulación de la diferencia» (Stalin) entre los dos períodos del desarrollo del capitalismo. Y, por el contrario, la solución leninista-stalinista del problema es el resultado de no disimular esta diferencia, de no ignorarla, y de tener en cuenta cualquier cambio esencial que se opera en la realidad

Esta es en general la ley indiscutible de la dialéctica, bolchevique. El Partido Bolchevique construyó y construye siempre su estrategia y táctica sobre la base del análisis objetivo más riguroso y preciso de los hechos. Tomemos sólo un trozo de su historia, el que va desde Octubre hasta nuestros días. Estudiemos la evolución de las consignas del Partido en el curso de dicho período heroico y veremos que reflejaron exactamente lo original, lo peculiar de cada nueva etapa en el desarrollo de la revolución proletaria; estas consignas organizaban a las masas populares, llegaban a la conciencia de esas masas precisamente por su exactitud y relación orgánica con la vida y sus cambios cualitativos, con la práctica revolucionaria.

Sin embargo, en política, en la actividad política, es importante tener en cuenta también los cambios cuantitativos; no sólo los cualitativos: es importante comprender su íntima interdependencia. Si toda cosa atraviesa en su desarrollo dos fases, la evolucionista y la revolucionaria, la de cambios cuantitativos y la de cambios cualitativos, es de suma importancia comprender que, sin la acumulación preliminar de fuerzas, no

---

69 Stalin, I., (1953), «VII Pleno ampliado del CE de la IC. Resumen de la discusión», en *Obras Completas*, vol. IX, Ediciones en Lenguas Extranjeras, p.110.

es posible pasar a acciones decisivas, no es posible el salto de un estado a otro.

Esto se puede ver fácilmente en el ejemplo de la revolución. El marxismo se formó y se desarrolló en la lucha, no sólo contra los oportunistas que negaban lo inevitable de la revolución violenta, sino también contra los representantes del movimiento obrero que ignoraban la indispensabilidad de la organización y preparación de las masas para la revolución, pensando que la revolución contra la burguesía podía realizarse mediante la conspiración de un puñado de revolucionarios. El fundamento teórico de tal interpretación de la revolución es la teoría metafísica de que el movimiento, la evolución, sólo se compone de saltos, negándose todo movimiento evolutivo como fase preparatoria de la revolución.

Lenin enseñaba que no se puede lanzar al combate decisivo solamente a la vanguardia del proletariado, que no se puede ni pensar en la revolución cuando la vanguardia no ha conquistado todavía las amplias masas del proletariado. Después de la revolución de Febrero de 1917 en Rusia, los bolcheviques luchaban contra los que de inmediato querían llamar a las masas a la insurrección contra la burguesía, en momentos en que estas masas aún no estaban preparadas, aún no comprendían sobre la base de su propia experiencia, que sólo encontrarían su emancipación del yugo del capitalismo por la senda de la revolución proletaria. Recién en Octubre, cuando las masas de la clase obrera habían sido conquistadas por los bolcheviques y asimilaban sus consignas, sólo entonces el Partido Bolchevique lanzó la consigna de la insurrección armada.

En la URSS se ha construido el socialismo en lo fundamental. La tarea consiste ahora en finalizar esta construcción y pasar gradualmente al comunismo. Si durante el socialismo rige el principio: «de cada uno según su capacidad y a cada uno según su trabajo», bajo el comunismo regirá el principio: «de cada uno según su capacidad y a cada uno según sus necesidades». Pero para llevar a efecto esta consigna es preciso crear abundancia de objetos de consumo. Sin el aumento del número de fábricas, empresas, granjas, criaderos de ganado, etc., no es posible crear esta abundancia. Por consiguiente, para el cambio cualitativo que en la URSS se ha de lograr, para pasar del socialismo al comunismo, hace falta la acumulación previa de fuerzas, de la riqueza material del país. Esta necesidad también la tiene en cuenta el Partido al plantear la tarea fundamental de la economía en la URSS. Tomar en consideración la interdependencia que existe entre los cambios cuantitativos y los cualitativos tiene, de esta manera, un enorme valor para la actividad política.

¿Qué deducciones se pueden extraer, por tanto, del examen que hemos hecho de la ley del tránsito de cantidad a calidad y de calidad a cantidad?

La evolución no es, como afirman los metafísicos, un simple crecimiento cuantitativo. La evolución de las cosas estriba en que los cambios cuantitativos imperceptibles, acumulándose gradualmente en un determinado grado, se truecan en cambios cualitativos. Por consiguiente, la evolución es un cambio cuantitativo, el cambio de una cosa en otra a consecuencia de los cambios cuantitativos.

El materialismo dialéctico niega la teoría metafísica del desarrollo fluido, puramente evolucionista. En realidad, el desarrollo es la unidad del desarrollo gradual, evolutivo y del desarrollo a saltos, revolucionario.

La teoría metafísica del desarrollo puramente cuantitativo, como norma, sirve de arma para los que de una u otra manera defienden lo viejo en su lucha contra lo nuevo y lo revolucionario, para los que, hundidos en la rutina, temen el movimiento de avance, para los que están interesados en la eternización del viejo régimen. La teoría dialéctica del desarrollo cualitativo pertrecha a los partidarios de la sustitución de lo viejo por lo nuevo, a los dueños del futuro, a los que van destruyendo el viejo régimen de explotación y creando la nueva sociedad Socialista.

Capítulo IV
La evolución como lucha entre tendencias contrapuestas

1

En el *Compendio de Historia del PC(b) de la URSS* se señala que el contenido interno de la transformación de los cambios cuantitativos en cualitativos es la lucha de los contrarios, la lucha entre lo viejo y lo nuevo, entre lo que se está muriendo y lo que está naciendo. Esta conclusión caracteriza clara y profundamente el valor del cuarto rasgo fundamental del método dialéctico.

> Por oposición a la metafísica, la dialéctica parte del criterio de que los objetos y los fenómenos de la naturaleza llevan siempre implícitas contradicciones internas, pues todos ellos tienen su lado positivo y su lado negativo, su pasado y su futuro, su lado de caducidad y su lado de desarrollo; del criterio de que la lucha entre estos lados contrapuestos, la lucha entre lo viejo y lo nuevo, entre lo que agoniza y lo que nace, entre lo que caduca y lo que se desarrolla, forma el contenido interno del proceso de desarrollo, el contenido interno de la transformación de los cambios cuantitativos en cambios cualitativos.

> Por eso, el método dialéctico entiende que el proceso de desarrollo de lo inferior a lo superior no discurre a modo de un proceso de desenvolvimiento armónico de los fenómenos, sino poniendo siempre de relieve las contradicciones inherentes a los objetos y a los fenómenos, en un proceso de «lucha» entre las tendencias contrapuestas que actúan sobre la base de aquellas contradicciones.[70]

Lenin concedía una enorme importancia a esta ley dialéctica. Escribía que la ley de la unidad y lucha de los lados contrapues-

---

70 *Historia del PC(b) de la URSS*, op. cit., pp. 125-26.

tos es la esencia, el núcleo fundamental del método dialéctico. «La dicotomía de un todo único y el conocimiento de sus partes contradictorias [...] es *la esencia* de la dialéctica»[71]. La unidad de los lados contrapuestos:

> es el reconocimiento (descubrimiento) de tendencias contradictorias, *mutuamente excluyentes*, opuestas, en *todos* los fenómenos y procesos de la naturaleza (*incluidos* el espíritu y la sociedad). La condición para el conocimiento de todos los procesos del mundo en su «*automovimiento*», en su desarrollo espontáneo [es decir, propia —M.R.], en su vida real, es el conocimiento de los mismos como unidad de los contrarios[72].

> En resumen, se puede definir la dialéctica como la doctrina de la unidad de los contrarios. Esto encarna la esencia de la dialéctica...[73]

Lenin escribía que, examinando los fenómenos como la unidad y la lucha de los lados contrapuestos, obtenemos la clave para la interpretación correcta, científica, del desarrollo. ¿Cómo se explica la enorme importancia de este rasgo, de esta ley de la dialéctica? ¿En qué radica la fuerza de esta ley? Aquí hemos de tropezar nuevamente con la profunda diferencia que hay entre la dialéctica y la metafísica.

Los metafísicos niegan categóricamente la existencia de contradicciones en las cosas. Considerando el desplazamiento mecánico en el espacio como la forma universal del movimiento, los metafísicos sólo reconocen la existencia de contrarios externos, cuyo choque presentan como la única fuente del movimiento.

Desde el punto de vista de los metafísicos una cosa no puede ser lo que es y al mismo tiempo cualquier otra, es decir, no puede contener en sí contradicciones *internas*. El objeto, dicen los metafísicos, no puede encerrar tendencias, elementos, que en última instancia conduzcan a su desaparición. No puede ser la unidad de lo positivo y lo negativo. Toda cosa es positiva o negativa, efecto o causa. Por ejemplo, cualquier sociedad, digamos la

---

71 Lenin, V. I., «Cuadernos filosóficos», op. cit., p. 321.

72 Ibid. p. 322.

73 Ibid., p. 201.

sociedad capitalista, desde el punto de vista de los metafísicos, no puede ser la unidad de fuerzas contrapuestas, de tendencias contrarias. Los metafísicos no ven contradicciones en el capitalismo, cuya evolución conduce inevitablemente a la muerte de su régimen.

Los metafísicos se muestran adversarios furibundos del reconocimiento del carácter contradictorio de las cosas. Uno de estos metafísicos, E. Dühring, contra quien Engels publicó su famoso libro *Anti-Dühring*, escribía: «En las cosas no hay contradicciones o, dicho de otro modo, la contradicción, puesta como real, es ella misma el colmo del absurdo...»[74]. Esta categórica negación de las contradicciones es comprensible en el metafísico. Basta demostrar solamente que las propias cosas, el propio mundo objetivo, llevan implícitas las contradicciones, para que todo el edificio del método metafísico se venga abajo y quede convertido en polvo.

La desgracia de los metafísicos consiste en no advertir los aspectos precisamente más importantes y esenciales de la realidad, sin los que el mundo objetivo deja de ser un mundo vivo que evoluciona perpetuamente, se renueva constantemente, progresa de lo inferior y simple a lo superior y compuesto. Al negar las contradicciones, los metafísicos despojan artificialmente a la realidad de uno de sus aspectos más esenciales y principales, precisamente del que, según expresión de Hegel, constituye la raíz de todo movimiento y vitalidad.

En realidad, todos los fenómenos y procesos del mundo objetivo se componen de contradicciones, encierran tendencias contrapuestas, componen la unidad de lo viejo y lo nuevo, de lo presente y lo futuro, de lo agonizante y lo naciente. No hay cosas en la naturaleza de las que se pueda decir que son idénticas, esto es, iguales a sí mismas, no contradictorias.

En su refutación a la metafísica, Engels cita un ejemplo simple del movimiento como es el desplazamiento del cuerpo en el espacio, demostrando que ya el simple traslado en el espacio es contradictorio. De un cuerpo en desplazamiento es difícil decir

---

74 Engels, F., (1977), *Anti-Dühring*, op.cit., p. 123.

en qué sitio se halla. En el mismo instante, cuando todavía se halla en un sitio, ya se halla en otro. De un cuerpo que se desplaza no se puede decir que en tal momento se halla concretamente en tal punto, puesto que el cuerpo se traslada, se mueve, permanece en el punto dado y al mismo tiempo está ya en otro punto. En otras palabras, el movimiento es una contradicción manifiesta.

Si un fenómeno tan simple como el desplazamiento en el espacio encierra una contradicción, más característico aún es este rasgo para los fenómenos y procesos complejos. Engels cita la vida como el ejemplo más complejo del carácter contradictorio de los fenómenos. La vida de cada organismo vivo se caracteriza por recibir del medio que lo rodea las sustancias necesarias, asimilándolas y separando los elementos viejos, caducos. Así, por ejemplo, en cada instante respiramos aire fresco y exhalamos aire viciado. Engels deduce de este ejemplo que «la vida consiste precisamente ante todo en que un ser es en cada momento el mismo y otro diverso»[75]; es decir, que la vida del organismo encierra una contradicción. En su teoría evolucionista, Darwin parte también del criterio de la presencia de contradicciones en el desarrollo del mundo orgánico, de la consideración de este proceso como un proceso contradictorio.

Su teoría evolucionista se basa en la negación del punto de vista metafísico, según el cual el ser orgánico es igual a sí mismo y permanece incambiado, quieto, en un estado inmutable. Darwin demostró que todo el mundo orgánico, cada especie, cada ser, están llenos de contradicciones, que en ellos se unen lo viejo y lo nuevo, lo agonizante y lo naciente. La contradicción entre los seres vivos y las condiciones-naturales de su vida, la contradicción entre las diversas especies de animales y vegetales y, en su lucha por la existencia, la de los más adaptados al medio contra los menos adaptados, es el verdadero cuadro de la evolución del mundo orgánico.

Si pasamos al terreno de las relaciones sociales, encontramos también el carácter contradictorio del desarrollo, pero ya sobre

---

75 Ibid., p. 125.

distinta base. Marx y Engels descubrieron la ley del desarrollo social, consistente en que la evolución de las fuerzas productivas, de las condiciones materiales de existencia, constituye la fuente decisiva de todos los cambios que se operan en la sociedad.

Las fuerzas productivas de la sociedad no se hallan en estado de estancamiento. Cambian, progresan y, en una cierta etapa, entran en contradicción con las relaciones de producción existentes. Entonces comienza el período del cambio de todas las relaciones sociales de todas las superestructuras ideológicas, comienza el período de su adaptación a las condiciones cambiadas de la existencia social. Marx expresó esta ley en las siguientes palabras:

> En un estadio determinado de su desarrollo, las fuerzas productivas materiales de la sociedad entran en contradicción con las relaciones de producción existentes o –lo cual sólo constituye una expresión jurídica de lo mismo– con las relaciones de producción dentro de las cuales se habían estado moviendo hasta ese momento. Esas relaciones se transforman de formas de desarrollo de las fuerzas productivas en ataduras de las mismas. Se inicia entonces una época de revolución social. Con la modificación del fundamento económico todo ese edificio descomunal se trastoca con mayor o menor rapidez[76].

Así pues, la sociedad nunca tiene una forma anquilosada. De la sociedad, como de los demás fenómenos, no se puede decir que sea igual a sí misma. Al contrario, en la sociedad se operan constantes cambios, evoluciones. La sociedad encierra contradicciones internas, tendencias y fuerzas contradictorias. En las sociedades clasistas, la lucha de las clases contrapuestas es la expresión más profunda y clara de las contradicciones existentes en la sociedad. Toda la historia precedente es la del cambio de las estructuras económico-sociales, de la desaparición de unas, caducas y exhaustas, y el nacimiento de otras más progresivas. Además, la sustitución de unas formas económico-sociales por otras se efectúa a través de una encarnizada lucha.

Así, cualquier ejemplo que tomemos del terreno de la naturaleza o de la sociedad refuta la teoría metafísica acerca de la

---

76 Marx, K., (2008), *Contribución a la crítica de la economía política*, Siglo XXI, p. 5.

identidad y de la ausencia de contradicciones en los fenómenos. Los hechos demuestran que todos los fenómenos y procesos encierran en sí contradicciones internas, representan la *unidad de los contrarios*. Sin embargo, los fenómenos y los procesos no representan sólo la *unidad* de los contrarios. Lo contradictorio de las cosas y de los procesos indica que existen tendencias, inclinaciones diversas y *contrapuestas* que se excluyen mutuamente. Pero precisamente porque estas inclinaciones y tendencias son contrapuestas y diversas, no pueden convivir pacíficamente, no pueden dejar de «reñir» entre sí.

Las cosas y los procesos aparecen así no sólo como la *unidad* de los contrarios, sino también como la *lucha* de los contrarios. Lo viejo y lo nuevo, lo agonizante y lo naciente luchan entre sí, se excluyen mutuamente, se hallan en una constante lucha. De tal modo, por ejemplo, las fuerzas productivas que se están desarrollando bajo el capitalismo, al llegar a una determinada fase de desarrollo, entran en conflicto con las relaciones de producción existentes. Las fuerzas productivas rebasan los marcos de las relaciones capitalistas de producción. Las fuerzas productivas, el proceso del trabajo, adquiere un carácter social. Las fuerzas productivas, como dice Engels, exigen el reconocimiento efectivo de su naturaleza social, de su organización planificada. Pero el puñado de parásitos capitalistas se apropia de los productos del trabajo social, entorpece la emancipación de las fuerzas productivas de las trabas capitalistas. Las fuerzas productivas ya constituyen la base para el nuevo régimen socialista, pero el viejo régimen, es decir, el régimen capitalista, lucha contra el nuevo, defiende su propia existencia.

Esta contradicción entre el carácter social del trabajo y la forma capitalista privada de la apropiación se expresa en las crisis periódicas. Marx decía que las crisis son la expresión de las contradicciones absolutas del régimen capitalista. Por consiguiente, las cosas y los procesos no sólo son la unidad, sino también la *lucha* de los contrarios, de las tendencias contradictorias. Escribía Lenin que «El desarrollo es la "lucha" de los contrarios»[77]. Es

---

77 Lenin, V. I., «Cuadernos filosóficos», op. cit., p. 321.

difícil sobreestimar el valor de este aspecto, de esta ley objetiva de la realidad. Si no hubieran existido fuerzas y tendencias contrapuestas en las cosas y en los procesos, si no hubiera habido una lucha entre ellas, no hubiera sido posible ningún desarrollo.

El auténtico valor de la ley dialéctica referente a la unidad y lucha de los contrarios estriba en que descubre, explica las fuentes más profundas del desarrollo del mundo objetivo.

En los capítulos anteriores vimos que la naturaleza y la sociedad no se hallan estancadas, sino que se desarrollan y que el desarrollo es el trueque de los cambios cuantitativos en cualitativos. Ahora también sabemos ya las causas más profundas, el contenido interno, las fuentes del desarrollo de los cambios cualitativos. Estas fuentes se hallan en la lucha entre lo viejo y lo nuevo, entre lo que agoniza y lo que está creciendo, en la lucha entre los contrarios. En efecto: basta abstraerse por un minuto de las contradicciones internas de las cosas, de la lucha de los contrarios, para convertir esas cosas en objetos muertos, anquilosados, inmutables.

Imaginémonos que la vida del organismo no tiene contradicciones, que en el organismo no se efectúa un constante proceso contradictorio de la muerte de células viejas y el nacimiento de nuevas. ¿Qué pasaría, en este caso, con el organismo vivo? La respuesta es clara: no habría vida, sobrevendría la muerte: «La vida, por tanto, es también una contradicción presente en las cosas y los hechos mismos, una contradicción que se pone y resuelve constantemente; y en cuanto cesa la contradicción, cesa también la vida y se produce la muerte»[78].

Este es el valor que las contradicciones tienen también para el desarrollo de la sociedad. Las contradicciones sociales, la lucha de las clases contrapuestas a lo largo de toda la historia de la sociedad de clases, ha sido la fuente de la evolución, la fuerza motriz del desarrollo social. ¿Cómo se explica la sustitución de unas estructuras económico-sociales por otras: la sociedad esclavista por la feudal, la feudal por la capitalista, la capitalista por la socialista? Su causa radica en las contradicciones entre las fuerzas productivas y las relaciones de producción.

---

78 Engels, F., (1977), *Anti-Dühring*, op.cit., p. 125.

¿Qué habría ocurrido si estas contradicciones no existieran, si el desarrollo de las fuerzas productivas no entrara en contradicción con las relaciones de producción en estas estructuras sociales? No habría sido posible entonces el desarrollo de la sociedad. Estas contradicciones entre las fuerzas productivas y las relaciones de producción no son el fruto de una invención, sino que es la ley objetiva de toda la historia precedente de la sociedad, ley que no depende de la conciencia de los hombres y precisamente por esta ley, en el proceso histórico de su desarrollo, la sociedad se ha elevado de un grado a otro y las formas societarias inferiores fueron sustituidas por otras superiores. Las revoluciones burguesas de fines del siglo XVIII y principios del XIX fueron dirigidas contra el régimen feudal. Eran la expresión y el resultado de las contradicciones existentes en la sociedad feudal. Las revoluciones burguesas resolvieron estas contradicciones mediante el derrocamiento del régimen feudal y la imposición del dominio de la burguesa. A su vez, el nacimiento de las relaciones capitalistas estaba relacionado con el nacimiento y desarrollo de nuevas contradicciones.

La época de las revoluciones proletarias, socialistas, que comenzó con la Revolución de Octubre de 1917 en Rusia, resuelve las contradicciones irreconciliables de la sociedad capitalista mediante el derrocamiento violento de la dictadura de la burguesía y la instauración de un nuevo poder político, la dictadura del proletariado. La revolución proletaria emancipa las fuerzas productivas de las trabas capitalistas y les abre el camino para un desarrollo sin obstáculos.

Por consiguiente, al estudiar la realidad no se puede hacer abstracción de las contradicciones internas de los fenómenos y procesos, de la lucha de los contrarios. Tal abstracción conduciría inevitablemente al punto de vista metafísico de la inmutabilidad de la realidad, a la negación de las causas y fuentes más íntimas del desarrollo. El desconocimiento de la contradicción interna de las cosas, priva de la posibilidad de advertir en lo viejo el nacimiento de las nuevas tendencias, de los nuevos fenómenos, la lucha entre lo viejo y lo nuevo, y, por lo tanto, quita toda posibilidad de ver el desarrollo de los fenómenos, su transformación en su contrario o en la forma superior.

El método de conocimiento de los fenómenos y procesos como la unidad y la lucha de los contrarios es el único método correcto *y* científico. Este conocimiento da la posibilidad de percatarse de la vida tal como es, de ver y comprender la lucha que se desarrolla entre lo viejo y lo nuevo, y las perspectivas de esta lucha. El camarada Stalin escribía:

> Se dice que la vida es un constante crecimiento y desarrollo, y esto es cierto: la vida social no es algo inmutable, estancado, jamás permanece en un solo y mismo nivel, sino que está en un movimiento perpetuo, en destrucción-creación. No en vano dijo Marx: «Existe un movimiento constante de incrementación de las fuerzas productivas, de destrucción de las relaciones sociales y de formación de las ideas; lo único inmutable es la abstracción del movimiento». Por eso, pues, existe siempre en la vida lo nuevo y lo viejo, lo que crece y lo que caduca, la revolución y la reacción; siempre hay en la vida algo que incontrovertiblemente se muere y al mismo tiempo algo que infaliblemente nace.

> El método dialéctico dice que la vida debe ser concebida tal como precisamente existe en la realidad. La vida se halla en un movimiento perpetuo: por consiguiente, nuestro deber es concebirla en su movimiento, en su destrucción y creación. Hacia dónde camina la vida, qué es lo que muere y qué es lo que nace en la vida, qué es lo que se está destruyendo y qué es lo que se está creando: he aquí los problemas que en primer lugar deben interesarnos[79].

2

El método de conocimiento de los fenómenos y procesos como la unidad y la lucha de los contrarios se basa en las leyes objetivas de la propia realidad, y da la posibilidad de descubrir y explicar científicamente las leyes objetivas de la realidad. La

---

79 Citado en Beria, L., (1948), *Contribución al problema de la historia de las organizaciones bolcheviques en la Transcaucasia*, Casa Estatal de Publicaciones de Literatura Política, p. 138. [En ruso].

negación de la existencia de contradicciones internas en los objetos trae inevitablemente como resultado el reconocimiento de una fuerza fuera del mundo objetivo, una fuerza del «otro mundo», que rige las cosas y la suerte de los hombres.

Al explicar la sustitución de un régimen social por otro, el idealista dice que esta sustitución se debe a que los hombres dieron con una nueva idea, más perfecta y racional del régimen social. El dialéctico materialista, por oposición al idealista, dice que es la propia sociedad vieja la que había creado en su seno los elementos nuevos que se hallan en contradicción con todo el régimen viejo; que los elementos y tendencias viejos y nuevos no han podido reconciliarse, manteniendo una lucha entre sí; lucha que, en último término, condujo a la transformación del viejo régimen social en su contrario.

Todo fenómeno es contradictorio en el sentido de que desarrolla en sí mismo los aspectos que tarde o temprano han de poner fin a su existencia y transformarlo en su propio contrario. El movimiento, la evolución, se realiza así como un *automovimiento,* como un *autodesarrollo,* esto es: los objetos se desarrollan en virtud de sus propias causas, de su propia contradicción intrínseca.

Esto no significa, desde luego, que los contrarios externos y su lucha e influencia mutuas no tengan ningún valor en el desarrollo. Antes citamos ejemplos de la teoría de Darwin que demuestran el enorme papel de las relaciones mutuas entre el mundo orgánico y el inorgánico. En la evolución de la sociedad humana las contradicciones entre la sociedad y la naturaleza desempeñan también un gran papel.

Como ejemplo de que la dialéctica revolucionaria no ignora las contradicciones externas, puede servir la contradicción existente entre el mundo del socialismo en la URSS y el mundo del capitalismo. El Partido Bolchevique enseña que no se puede hacer abstracción del cerco exterior capitalista, que el triunfo definitivo del socialismo sólo es posible con la destrucción de este cerco. Por consiguiente, la teoría dialéctica del desarrollo no ignora los contrarios externos. Sólo demuestra que la fuente principal del desarrollo son las contradicciones internas, inherentes a los objetos y procesos, y que la forma fundamental del movimiento es el *auto* movimiento.

Lenin señala con toda fuerza que la interpretación dialéctica del movimiento es su interpretación como un *auto* movimiento. A la interpretación metafísica del desarrollo que niega el automovimiento, opone la teoría dialéctica, cuyo signo distintivo es precisamente el reconocimiento del automovimiento.

> En la primera concepción del movimiento [la metafísica —M.R.] queda en la sombra el *automovimiento,* su fuerza *impulsora,* su fuente, su motivo (o se convierte dicha fuente *en externa*: Dios, sujeto, etc.). En la segunda concepción [la dialéctica —M.R.], la atención principal se centra precisamente en el conocimiento de *la fuente* del «auto» movimiento.

> La primera concepción es inerte, pálida y seca. La segunda es viva. *Solo* la segunda proporciona la clave para el «automovimiento» de todo lo existente; sólo ella proporciona la clave para los «saltos», para la «ruptura de la gradualidad», para la «transformación en el contrario», para la destrucción de lo viejo y el surgimiento de lo nuevo[80].

Lenin combate por la interpretación materialista del desarrollo, por una teoría de la evolución que halle la fuerza motriz del desarrollo en el propio mundo objetivo, en las cosas y procesos objetivos, y no en Dios, en un sujeto, etc. Lenin demuestra que esta fuerza motriz es la unidad y la lucha de los contrarios, la revelación de las contradicciones internas. Pero tampoco las propias contradicciones de los objetos y procesos son inmutables, y dadas de una vez para siempre. Las contradicciones se desarrollan, se profundizan, tienen su historia. Por ejemplo, ya en el propio comienzo de la evolución del capitalismo estaban presentes las contradicciones entre las dos clases fundamentales de la sociedad burguesa: el proletariado y la burguesía. Pero estas contradicciones no eran todavía tan profundas y agudas como en la última y actual fase del capitalismo. La historia de la lucha entre la burguesía y el proletariado es la historia del desa-

---

80 Lenin, V. I., «Cuadernos filosóficos», op. cit., p. 322.

rrollo, cada vez mayor y más profundo, de las contradicciones entre ellos. Es la historia de la manifestación y del desenvolvimiento de las contradicciones internas que lleva implícita la sociedad capitalista. Esta es la ley de evolución de todo fenómeno: «El proceso de desarrollo es un proceso de revelación de contradicciones internas, un proceso de choques entre fuerzas contrapuestas, sobre la base de estas contradicciones, y con el fin de superarlas...»[81].

El desarrollo de las contradicciones del capitalismo alcanza un grado tal que han de ser inevitablemente resueltas y superadas. La revolución proletaria las supera, sirve de instrumento para la transformación del capitalismo en su propio contrario, en el socialismo. Por consiguiente, el desarrollo es un proceso de revelación y de profundización de las contradicciones de las cosas, un proceso de superación de estas contradicciones, de tránsito de unos contrarios a otros, o de formas inferiores a superiores, de lo viejo a lo nuevo.

Marx, Engels, Lenin y Stalin batallaron siempre contra la interpretación de las contradicciones que parte del principio de la reconciliación de las fuerzas contrapuestas, de los elementos contrarios. *La superación revolucionaria de las contradicciones, su solución revolucionaria, no la reconciliación, es la única vía objetiva del auténtico desarrollo, es el principio de la actividad política práctica del Partido del proletariado.* Si las contradicciones se reconciliaran, se amortiguarán, entonces no habría ningún movimiento de avance. Pero las contradicciones reales tampoco pueden ser reconciliadas. Las fuerzas, las tendencias contradictorias coexisten mientras su lucha no alcanza todavía la fase en que ya no pueden coexistir, en que no pueden estar «bajo el mismo techo». Cuando esa fase se alcanza, las contradicciones hallan inevitablemente su resolución.

La unidad de los contrarios es temporal, pasajera, relativa. La lucha entre ellos, por el contrario, es constante, absoluta. Cualquier objeto, cualquier fenómeno es sometido a cambios por las contradicciones que lleva implícitas. Por esto, si las con-

---

81   *Historia del PC(b) de la URSS*, op. cit., p. 128.

tradicciones no fueran absolutas, ni el contenido constante del desarrollo, no sería posible el cambio de las cosas de una a otra forma, no sería posible la evolución perpetua. «La unidad (coincidencia, identidad, acción igual) de los contrarios es condicional, temporal, transitoria, relativa. La lucha de los contrarios que se excluyen mutuamente es absoluta, como son absolutos el desarrollo y el movimiento»[82].

3

La teoría dialéctica del desarrollo en general y su rasgo más importante, la ley de la unidad y lucha de los contrarios, tiene el más grande valor práctico como instrumento de conocimiento y de lucha revolucionaria. Las obras de Marx, Engels, Lenin y Stalin sirven de modelo clásico en la aplicación de la dialéctica materialista. En el *Compendio de Historia del PC(b) de la URSS* se señala el inmenso valor que tiene la extensión de las conclusiones del método dialéctico al estudio de la vida social, su aplicación a la actividad política práctica del Partido del proletariado. Particularmente de la ley dialéctica del desarrollo a consecuencia de la lucha de los contrarios, se sacan las siguientes deducciones:

> Si el proceso de desarrollo es un proceso de revelación de contradicciones internas, un proceso de choques entre fuerzas contrapuestas, sobre la base de estas contradicciones, y con el fin de superarlas, es evidente que la lucha de clases del proletariado constituye un fenómeno perfectamente natural e inevitable.

> Esto quiere decir que lo que hay que hacer no es disimular las contradicciones del régimen capitalista, sino ponerlas al desnudo y desplegarlas en toda su extensión, no es amortiguar la lucha de clases, sino llevarla a término consecuentemente.

> Esto quiere decir que, en política, para no equivocarse, hay que mantener una política proletaria, de clase, intransigente, y no una

---

82   Lenin, V. I., «Cuadernos filosóficos», op. cit., p. 322.

política reformista de armonía de intereses entre el proletariado y la burguesía, una política oportunista de «evolución pacífica» del capitalismo al socialismo[83].

Estas conclusiones demuestran de manera clara y profunda la conexión entre la dialéctica revolucionaria y la práctica revolucionaria del Partido proletario. Los oportunistas de todos los matices, bajo cualquier bandera que se encubran y en cualquier país que se hallen, se declaran invariablemente contra la dialéctica, sobre todo contra la ley dialéctica de la unidad y lucha de contrarios. No pueden soportar la esencia combativa, el espíritu del desarrollo revolucionario que radica en el reconocimiento de la contradicción en las cosas y de la lucha entre las tendencias contrapuestas, entre lo viejo y lo nuevo, entre lo que se muere y lo que crece. No en vano en su resumen de la *Ciencia de la Lógica* hegeliana, Lenin hace notar en una parte: «Los "mimos" con la naturaleza y la historia (entre los filisteos) son el afán de limpiarlas de contradicciones y de lucha) ...»[84]. Y añade:

> Los demócratas pequeñoburgueses, esos seudosocialistas que han sustituido la lucha de clases con sueños sobre la conciliación de las clases, se han imaginado también la transformación socialista de un modo soñador, no como el derrocamiento de la dominación de la clase explotadora, sino como la sumisión pacífica de la minoría a la mayoría, que habrá adquirido conciencia de su misión[85].

Por eso, precisamente, los reformistas actúan por todos los medios contra la dialéctica marxista y defienden la metafísica del mismo modo. Uno de los pilares del oportunismo internacional, Bernstein, escribía en este tono acerca de la dialéctica:

> Su [de la dialéctica —M.R.] «sí es no» y «no es sí», en lugar de «sí es sí» y «no es no», sus tránsitos mutuos de los contrarios y el trueque de cantidad en calidad y otras bellezas dialécticas, han sido siem-

---

83 *Historia del PC(b) de la URSS*, op. cit., p. 128.

84 Lenin, V. I., «Cuadernos filosóficos», op. cit., p. 118.

85 Lenin, V. I., (1986), «El Estado y la revolución», en *Obras Completas*, vol. XXXI-II, Editorial Progreso, p. 25.

pre un obstáculo para una idea clara sobre el significado de los cambios reconocidos.

Traducida al lenguaje político, esta ambigüedad «filosófica» significa que entre la burguesía y el proletariado no existen contradicciones irreconciliables, que el partido de la clase obrera debe hacer la política de conciliación entre los intereses de la burguesía y del proletariado y de ningún modo debe seguir la línea de una implacable lucha de clases.

También se pueden citar algunos hechos de la práctica de la socialdemocracia actual. Es conocido que el partido socialdemócrata belga, que fuera uno de los partidos más fuertes de la Segunda Internacional, se disolvió solo, hace poco, declarando agotadas sus tareas y llegada una época nueva que requiere un trabajo de una nueva manera. He aquí una cita de la resolución de los sindicatos belgas, aprobada a propuesta del «jefe» del Partido Socialdemócrata belga, De Mann; en ella el lector verá la filosofía franca de reconciliación de clases. En ella se dice:

> La guerra [la actual guerra, —M.R.], que nos ha cogido de improviso, ha conducido a un nuevo orden europeo. Debemos colaborar lealmente en la causa de la reconstrucción del país y del renacimiento del pueblo, para que pueda ocupar un lugar digno en este nuevo orden europeo. Por eso, los obreros dirigentes de los sindicatos declaran que ellos, así como De Mann, quieren unir a todas las fuerzas constructivas de la nación en un gran movimiento que esté al servicio de los intereses nacionales y, para eso, poner fin a toda política de Partido [he aquí por qué le han disuelto —M.R.] [...] Consideran que la manifestación de la lucha de clases, que es la consecuencia de la economía capitalista liberal, debe ser sustituida en nuestro país por un orden social y económico en el que las organizaciones profesionales, cumpliendo la misión de la nación en general, y bajo el control del Estado, establezcan las condiciones del trabajo y regulen la producción.

Tal es la manifestación más reciente de la teoría oportunista y contrarrevolucionaria de la «reconciliación» de las contradicciones. ¡Resulta que la lucha de clases y las contradicciones sociales internas son una particularidad de la época del capitalismo industrial, y que ahora se ha instaurado ya un nuevo orden jurídico en el que los partidos políticos de la clase obrera pueden ser liquidados y los sindicatos deben trabajar por encargo de *toda* la nación, bajo el control del Estado burgués!

El mérito más grande de los fundadores del comunismo científico, Marx y Engels, radica en que, habiendo investigado el modo capitalista de producción, no disimularon sus contradicciones, sino que, por el contrario, las pusieron al desnudo, las dieron una interpretación científica, señalando al proletariado el camino de su superación.

Antes de Marx y Engels, los investigadores del capitalismo veían también las contradicciones de dicho régimen. Los socialistas utópicos, por ejemplo, describían muy claramente las contradicciones de la sociedad burguesa, y hablaban del absurdo de estas contradicciones y del daño que ocasionaban a los hombres. A su juicio, todo el mal de la sociedad capitalista radicaba en el aislamiento de los hombres, en sus contradicciones; pero estimaban que las contradicciones del capitalismo eran el resultado de la ignorancia y corrupción de los hombres. Los utopistas veían en la conciliación de las contradicciones uno de los medios para crear un régimen en el que no hubiera miseria ni opresión.

Es cierto que estas teorías sin madurez de los socialistas utópicos reflejaban las contradicciones aún no maduras del régimen capitalista recientemente instaurado. La contradicción entre el proletariado y la burguesía no estaba aún entonces tan acentuada como en el período en que aparecieron Marx y Engels. Los fundadores del marxismo surgieron en el período del capitalismo más desarrollado y esto fue una de las causas objetivas que les dio la posibilidad de superar la teoría de los socialistas utópicos. A diferencia de los socialistas utópicos, Marx y Engels veían y comprendían las raíces *objetivas* de las contradicciones capitalistas. Interpretaban la existencia de las contradicciones, no por la presencia de un «oscurantismo moral» y cosas análogas, sino por las condiciones materiales de la vida de la sociedad, por el modo de producción social. El capitalismo no puede existir sin las contradicciones que le son propias, la burguesía no puede vivir sin la explotación de las masas trabajadoras. Por consiguiente, son contradicciones inevitables en una determinada fase histórica del desarrollo de la sociedad.

En lugar de formular juicios morales con motivo de estas contradicciones y buscar la salida en planes ideales fantásticos, Marx dirigió su atención al estudio de las tendencias contrapuestas del régimen capitalista. En otras palabras, en sus investigaciones se colocó en el suelo real de la realidad objetiva. En su obra genial, *El Capital*, sometió al análisis científico el modo capitalista de producción. Comenzó por el fenómeno más simple y habitual de esta sociedad, que es el intercambio de mercancías, y ya aquí halló el germen de todas las contradicciones del capitalismo.

> En *El Capital* Marx analiza primero *la relación* más simple, más ordinaria y fundamental, más común y cotidiana de la sociedad burguesa (mercantil), una relación que se encuentra miles de millones de veces, a saber, el cambio de mercancías. En ese fenómeno simple (en esta «célula» de la sociedad burguesa) el análisis revela *todas* las contradicciones (respective los gérmenes de *todas* las contradicciones) de la sociedad moderna. La exposición nos muestra el desarrollo (*a la vez* crecimiento y movimiento) de esas contradicciones y de esa sociedad en la Σ[86] de sus partes individuales, de su comienzo a su fin[87].

En su análisis del capitalismo, Marx no añadió nada de su propia cosecha. Examinó y explicó el *propio* movimiento de la sociedad capitalista, su *automovimiento*. Mientras muchos socialistas pequeñoburgueses veían la salvación de la sociedad en el establecimiento de la armonía entre los pobres y los ricos, entre el proletariado y la burguesía; Marx demostró científicamente que sólo el desarrollo de las contradicciones propias del capitalismo conduce inevitablemente a la muerte de este régimen. No sólo es imposible conciliar las contradicciones del capitalismo, demostró Marx, sino que llevan implícita la tendencia de una profundización y agudización cada vez mayor. Las leyes de la producción capitalista requieren el aumento de la producción de mercancías, y son estas mismas leyes las que al mismo

---

86 TR: Suma

87 Lenin, V. I., «Cuadernos filosóficos», op. cit., p. 323.

tiempo crean las crisis de sobreproducción. Las mismas leyes crean en un polo la riqueza y en el otro la miseria. El crecimiento de las fuerzas productivas y el perfeccionamiento de la técnica preparan la base material para la emancipación del hombre del trabajo penoso; pero este crecimiento va acompañado bajo el capitalismo de una mayor esclavización aún del hombre. Cada paso del desarrollo del capitalismo tiene un doble carácter. Cada nuevo paso hacia adelante significa el aumento de esta duplicidad, la profundización de su contradicción.

Marx demostró que el desarrollo y el ahondamiento de las contradicciones capitalistas se efectúan como una necesidad férrea, natural, que el desarrollo de las contradicciones es la única vía que lleva al capitalismo a su muerte: «El desarrollo de las contradicciones de una forma histórica de producción, no obstante, es el único camino histórico que lleva a la disolución y transformación de la misma»[88].

Marx no amortiguó las contradicciones del capitalismo, no las disimuló, sino que las puso implacablemente al desnudo; no apaciguó la lucha de clases entre el proletariado y la burguesía, sino que la llevó hasta el fin. Precisamente, por haber analizado dialécticamente el capitalismo como un fenómeno en el que existen contradicciones internas, en el que se libra una lucha entre lo viejo y lo nuevo, entre lo que agoniza y lo que está creciendo; precisamente por eso Marx pudo prever con muchas décadas la muerte inevitable del capitalismo y el triunfo del régimen nuevo, socialista. Es precisamente el análisis de las contradicciones del capitalismo el que permitió a Marx ver en el proletariado la gran fuerza revolucionaria que realiza la misión histórica de la destrucción del régimen capitalista y la creación de una sociedad nueva, socialista[89].

---

88 Marx, K, (2017). *El Capital*, Siglo XXI, p. 570.

89 TR: Finalizando el apartado dedicado a la legislación fabril, Marx, siguiendo la línea de lo expuesto por Rosental, concluye: «Al hacer que maduren las condiciones materiales y la combinación social del proceso de producción, hace madurar las contradicciones y antagonismos de la *forma capitalista* de ese proceso, y, por ende, al mismo tiempo, los *elementos creadores de una nueva sociedad y los factores que trastruecan la vieja sociedad*». (Ibid., pp. 581-82.)

Aquí se ve la conexión íntima e indisoluble entre la dialéctica revolucionaria y el socialismo proletario de Marx. Con razón se puede decir que la dialéctica revolucionaria fue el instrumento de la transformación del socialismo de una utopía en una ciencia. La dialéctica materialista revolucionaria ha servido siempre de línea rectora en la lucha por el socialismo que sostuvieron Marx, Engels, el Partido Bolchevique y sus jefes, Lenin y Stalin.

En el *Compendio de Historia del PC(b) de la URSS* se indica que una de las condiciones decisivas del triunfo del socialismo fue la lucha de los bolcheviques contra los oportunistas, contra los faltos de fe dentro del Partido, la lucha implacable contra las desviaciones y los grupos antileninistas. Citaremos un modelo clásico de aplicación del método dialéctico al análisis de este importante aspecto del desarrollo del Partido Bolchevique, hecho por el camarada Stalin. En su intervención en el VII Pleno del Comité Ejecutivo de la Internacional Comunista, el camarada Stalin dijo:

> Si se toma la historia de nuestro Partido desde 1903, en que nació como grupo de los bolcheviques, y se siguen sus etapas posteriores hasta nuestros días, puede decirse sin exageración que la historia de nuestro Partido es la historia de la lucha de las contradicciones en su seno, la historia de la superación de esas contradicciones y del fortalecimiento gradual de nuestro Partido sobre la base de la superación de esas contradicciones[90].

El camarada Stalin demostró particularmente que las contradicciones eran inevitables en el proceso del desarrollo del Partido, que tenían profundas raíces en las condiciones sociales del país y en la existencia de clases antagónicas, hostiles. El proletariado no vive aislado de las demás capas y clases de la sociedad. Además, el propio proletariado no es homogéneo. Junto a la masa de proletarios que ha pasado la difícil escuela de la fábrica capitalista, hay también obreros recién llegados del campo, oriundos de las clases pequeñoburguesas. Estas capas de obreros menos firmes representan un terreno propicio para la influencia de la ideología burguesa y pequeñoburguesa sobre el proletariado.

---

90 Stalin, I., «VII Pleno ampliado del CE de la IC», op. cit., pp. 1-6.

Es lógico que, a cada viraje en el desarrollo de la lucha de clases, a cada agudización de la lucha y aumento de las dificultades, la diferencia de opiniones, de hábitos y de estado de ánimo de las distintas capas del proletariado se deje sentir forzosamente en forma de determinadas discrepancias en el Partido; y la presión de la burguesía y su ideología debe acentuar necesariamente esas discrepancias, dándoles salida en forma de lucha dentro del Partido proletario.

Tal es el origen de las contradicciones y las discrepancias en el seno del Partido[91].

¿Cómo se resolvieron esas contradicciones? La disimulación, la atenuación de las contradicciones internas, es lo característico de los partidos socialdemócratas de la Segunda Internacional. Por el contrario, el desarrollo de un partido bolchevique, auténticamente marxista y revolucionario de nuevo tipo, avanza sobre la base de la revelación de las contradicciones internas del Partido, sobre la base de su superación. La revelación y la superación revolucionaria de las contradicciones internas del Partido, y no la reconciliación y el amortiguamiento, es el camino, es la ley del desarrollo del Partido Bolchevique.

El camarada Stalin ilustra esta ley con ejemplos de la historia de dicho Partido. En el II Congreso del Partido Obrero Socialdemócrata Ruso, en 1903, surgieron contradicciones entre los bolcheviques, que expresaban la línea revolucionaria del desarrollo, y los mencheviques, que representaban la línea de la conciliación con la burguesía, la adaptación a la política y a la táctica de la burguesía liberal pusilánime. Los bolcheviques no atenuaron entonces sus divergencias con los mencheviques. Por el contrario, pusieron al desnudo, consecuente e implacablemente, el carácter burgués del menchevismo. Y esta lucha, dice el camarada Stalin, era «era una etapa necesaria para el nacimiento y el desarrollo de un partido verdaderamente revolucionario y verdaderamente marxista»[92].

Durante el período de la revolución de 1905 se profundizaron las contradicciones entre los bolcheviques y los mencheviques.

---

91 Idem.

92 Idem.

La necesidad de dar una respuesta a los problemas prácticos de la revolución que maduraba, engendró ostensiblemente dos líneas completamente contrapuestas, la línea bolchevique y la menchevique. «¿Por qué venció entonces el sector bolchevique del Partido?, ¿por qué se ganó las simpatías de la mayoría del Partido? Porque no veló las discrepancias de principio y luchó para superarlas aislando a los mencheviques»[93].

Más adelante señala el camarada Stalin cómo el Partido superó las contradicciones en los períodos que siguieron a la derrota de la revolución de 1905 en los años de 1911-1912, cuando los bolcheviques expulsaron del Partido a los mencheviques y se agruparon en un Partido Bolchevique independiente. También entonces el Partido triunfó por su fidelidad a los principios, por su lucha contra los oportunistas y traidores a la clase obrera.

El período de la preparación de la Revolución Socialista de Octubre, de la instauración de la dictadura del proletariado y de la construcción de la sociedad Socialista, hizo surgir nuevas divergencias, nuevas contradicciones dentro del Partido Bolchevique. Las clases explotadoras ofrecieron una resistencia desesperada a la ofensiva del socialismo. La construcción de la nueva sociedad iba acompañada de inmensas dificultades. Era necesario resolver esta tarea de la más alta significación histórica: crear una gran industria socialista, transformar la pequeña economía rural diseminada en una gran agricultura socialista y liquidar las clases explotadoras. Fácil es comprender que el empeño de esas clases en defender su existencia, su resistencia al socialismo y su aspiración de restaurar en la URSS el régimen capitalista, no podía dejar de tener una influencia sobre los elementos menos firmes y políticamente no templados del Partido.

En el Partido también había elementos que en el pasado habían luchado contra el leninismo y que después se adhirieron temporalmente al bolchevismo. Apenas el Partido comenzó a realizar su programa de construcción socialista, esos elementos levantaron cabeza, se convirtieron dentro del Partido en los representantes de las caducas clases reaccionarias. Trotskistas,

---

93 Idem.

zinovievistas, kamenevistas, bujarinistas, sumidos en el fango contrarrevolucionario de su lucha de largos años contra el Partido, eran los portavoces de las clases hostiles al socialismo, los agentes de la contrarrevolución. Los éxitos del socialismo no han podido ser logrados más que gracias a que el Partido desenmascaró y arrojó despiadadamente de sus filas a estos ideólogos de la burguesía y de los kulaks.

> Podría pensarse que los bolcheviques han consagrado demasiado tiempo a luchar contra los elementos oportunistas dentro del Partido, que han exagerado la importancia de estos elementos. Pero esto es completamente falso. No es posible tolerar en el seno del Partido el oportunismo, como no es posible tolerar la existencia de una úlcera en un organismo sano. El Partido es el destacamento dirigente de la clase obrera, su fortaleza de avanzada, su Estado Mayor de combate. No es posible permitir que en el Estado Mayor dirigente de la clase obrera haya gentes pusilánimes, oportunistas, capituladores y traidores. Luchar a vida o muerte contra la burguesía, teniendo dentro del propio Estado Mayor, dentro de la propia fortaleza, a capituladores y traidores, es caer en la situación de quien se ve tiroteado desde el frente y desde la retaguardia. Fácil es comprender que la lucha, en estas condiciones, sólo puede conducir a una derrota. El modo más fácil de tomar una fortaleza es atacarla desde dentro. Para conseguir el triunfo, lo primero que hace falta es limpiar el Partido de la clase obrera, su Estado Mayor dirigente, su fortaleza de avanzada, de capituladores, desertores, esquiroles y traidores[94].

Así, pues, a lo largo de toda su historia, el Partido Bolchevique, Estado Mayor de combate de la clase obrera, poderosa fortaleza de la revolución proletaria, se consolidó depurándose de elementos extraños.

4

La lucha por el régimen soviético, por la construcción de la sociedad Socialista en la URSS, ofrece una multitud de ejemplos

---

94 *Historia del PC(b) de la URSS*, op. cit., p. 420.

claros de cómo el Partido de Lenin y Stalin se guía en su trabajo por el método dialéctico. La lucha por el socialismo en la URSS nos presenta también muchos ejemplos de cómo los enemigos del socialismo disfrazaron su acción contra el pueblo tras consideraciones «filosóficas» sacadas del arsenal de la metafísica. Todo el período de construcción de la sociedad nueva es el de la transformación de la vieja sociedad en un régimen socialista.

El Partido Bolchevique comprendió muy bien que este período no podía ser más que de lucha de lo nuevo contra lo viejo, de lo que nace y se desarrolla, contra lo caduco y reaccionario, período de la lucha irreconciliable de clases. El socialismo arrebata al viejo mundo cada una de sus conquistas en el encuentro más encarnizado contra todas las fuerzas de la reacción. Por el contrario, los grupos oposicionistas que se manifestaron contra la línea del Partido y que en el proceso de la lucha contra el leninismo se convirtieron en una banda de saboteadores y espías sin principios, predicaban la conciliación de clases, amortiguaban las contradicciones, negaban lo contradictorio del propio proceso de construcción del socialismo. Necesitaban la prédica de la conciliación de clases, la negación de las contradicciones internas, para realizar su programa de restauración del capitalismo en la URSS y desbrozar el camino para la contrarrevolución internacional y la de los kulaks.

Pretendiendo kulaks y capitalistas el dotar a sus planes de una forma «teórica», los enemigos del socialismo fundamentaron sus argumentos con la ayuda de la «teoría del equilibrio». Esta teoría representa una variante típica del método metafísico. Niega las contradicciones intrínsecas de los fenómenos y procesos. Apoyándose en ella, Bujarin hizo la deducción de que el capitalismo monopolista es un «capitalismo organizado», que las contradicciones internas de la sociedad capitalista se allanan, desaparecen, y sólo quedan las contradicciones exteriores entre los diversos países capitalistas. Esta deducción significa que las contradicciones de clase entre la burguesía y el proletariado se concilian, que se acaba la lucha de clases dentro de cada uno de los países capitalistas. Fácil es comprender por qué los múltiples capituladores y restauradores capitalistas invocaban la «teoría del equilibrio». Esta «teoría» les ayudaba a luchar contra el Partido, contra la construcción del socialismo, por la conservación de los kulaks, por la restauración del capitalismo. Esta «teoría», según palabras de Stalin, tenía como finalidad «pertrechar a los elementos kulaks con una "nueva" arma teórica en su lucha contra los koljoses y desacreditar las posiciones del movimiento koljosiano»[95].

Basándose en la metafísica «teoría del equilibrio», que niega las contradicciones internas del desarrollo social, los enemigos del Partido, integrantes del grupo bujarinista-rikovista, crearon la «teoría» de la «extinción de la lucha de clases», de la evolución pacífica de los kulaks al socialismo. El Partido, bajo la dirección del camarada-Stalin, puso al desnudo el carácter contrarrevolucionario de la «teoría del equilibrio».

> Nuestro avance transcurre en lucha, mediante el desarrollo de las contradicciones, venciendo esas contradicciones, poniéndolas al desnudo y eliminándolas. Mientras existan las clases, jamás lograremos llegar a una situación en la que se pueda decir: gracias a Dios, ahora todo va bien. Jamás llegaremos a esa situación, camaradas. En nuestra vida siempre hay algo que muere. Pero lo que muere no quiere perecer sin más ni más y lucha por su existencia, defiende su causa caduca. En nuestra vida siempre está naciendo algo nuevo. Pero lo que nace no nace simplemente, sino que chilla, grita, defendiendo su derecho a la existencia. La lucha entre lo viejo y lo nuevo, entre lo que muere y lo que nace, es la base de nuestro desarrollo[96].

Todo el pueblo soviético se ha guiado y se guía por estas formidables palabras del camarada Stalin y ni por un instante olvida que la construcción del socialismo es una lucha de clases, es el desenvolvimiento y la liquidación de las contradicciones, que sin esta lucha no hay ni puede haber construcción del socialismo. Por eso precisamente se explican los más grandes éxitos logrados por el Partido Bolchevique y por el pueblo so-

---

95 Stalin, I., *Cuestiones del leninismo*, op. cit., p. 279.

96 Stalin, I., (1953), «XV Congreso del PC(b) de la URSS», en *Obras Completas,* vol. 10, Ediciones en Lenguas Extranjeras, pp. 348-349.

viético. También aquí ha sido y sigue siendo la dialéctica revolucionaria el fundamento teórico de los éxitos prácticos del socialismo.

5

Para concluir señalaremos otro importante problema. La ley de la unidad y de la lucha de los contrarios es la ley universal del desarrollo. Lenin escribía que la lucha entre las tendencias contrapuestas es absoluta, como lo son el desarrollo y el movimiento. Por consiguiente, el desarrollo mediante la revelación de las contradicciones internas y su superación no es un fenómeno propio sólo de las formas aisladas particulares, de la sociedad, es decir, no es privativo de las formas precedentes de la sociedad, sino que también la sociedad sin clases se desarrolla dialécticamente, tiene sus contradicciones y las resuelve.

Todo esto es incontrovertiblemente así. Sin embargo, hay que tener presente que no hay contradicciones en general. Las contradicciones tienen un contenido concreto, definido, un carácter definido. En la sociedad Soviética, por ejemplo, durante los primeros años de su desarrollo, existían todavía clases burguesas: comerciantes, industriales, kulaks. Entre el proletariado y estas clases existía una profunda contradicción. El proletariado, contrapuesto en todo a la burguesía, no tiene con ella ningún interés común, son clases antagónicas, es decir, enemigas entre sí, y sus intereses son *irreconciliables.* Pero con la clase obrera, clase fundamental de la sociedad soviética, existe también otra clase fundamental, los trabajadores del campo. Antes de la colectivización de la economía rural, esta clase engrosaba la pequeña burguesía.

Entre la clase obrera y los campesinos existían sin duda contradicciones, cuyo fundamento era el hecho de que los campesinos son una clase que construye su economía sobre la propiedad privada, sobre la producción de pequeña mercancía. El proletariado, en cambio, construye la economía nacional sobre la base de la propiedad socialista de los medios de producción. Los campesinos eran una clase que engendraba inevitablemente los capitalistas, los kulaks.

Claro es que entre el proletariado y los campesinos existían también contradicciones en los primeros tiempos. Pero si metiéramos en el mismo saco las contradicciones que existen entre el proletariado y la burguesía y las que existen entre el proletariado y los trabajadores del campo, cometeríamos el más grande error político. En efecto, estas contradicciones se diferencian entre sí profundamente. Son diferentes, tanto por su contenido, por su forma y por la tendencia de su desarrollo, como por el carácter de su superación.

La solución de las contradicciones entre la clase obrera y la burguesía no puede marchar más que por una sola senda, la senda de la liquidación, de la destrucción de las clases explotadoras. No hay otro camino, ya que mientras haya clases explotadoras en el país, no será posible construir el socialismo. El socialismo significa la destrucción de la explotación del hombre por el hombre, y es precisamente por este camino por el que el pueblo soviético resolvió también sus contradicciones básicas con la burguesía y los kulaks. Otro carácter completamente distinto tiene las contradicciones entre el proletariado y los trabajadores del campo. Estas contradicciones no son antagónicas ni hostiles.

El Partido asestó un golpe destructor al trotskismo contrarrevolucionario, que predicaba la inevitabilidad de un conflicto, de la ruptura entre el proletariado y los campesinos. Los mencheviques y los trotskistas consideraban siempre a los trabajadores del campo como una clase capitalista hostil al proletariado, que no tiene intereses comunes con la clase obrera. En cambio, el Partido y sus jefes, Lenin y Stalin, enseñaban siempre que los campesinos son una clase que por su propia esencia encierra rasgos contrapuestos, tendencias contrapuestas. De un lado, constituyen una clase de propietarios, de pequeños burgueses. Del otro, una clase de trabajadores cuya fuente de existencia es el trabajo propio. En la sociedad capitalista la mayoría de los campesinos arrastra una vida de miseria, de ruina, nutre las filas de los proletarios. Sólo una parte insignificante de los campesinos sale a flote, hacia los kulaks, hacia la burguesía. Para el trabajador del campo, la burguesía y los kulaks son enemigos a muerte. Por eso, la única salvación para los campesinos es la destrucción del régimen capitalista y la construcción, junto con la clase obrera y bajo su dirección, de la sociedad Socialista.

De tal manera, entre el proletariado y los campesinos no sólo existen algunas contradicciones, sino que hay también intereses *comunes*. Estos, los intereses comunes del proletariado y de los campesinos, crean la *base* para su alianza indisoluble. El Partido Bolchevique triunfó porque en todas las etapas de la lucha revolucionaria supo conservar y proteger la alianza de la clase obrera con los campesinos, supo atraer al lado del proletariado a esta inmensa reserva de la revolución.

¿Cómo se superan las contradicciones entre estas dos clases? Desde luego que esta superación se realiza de manera completamente distinta que la de las contradicciones entre el proletariado y la burguesía. Hay un solo camino de superación revolucionaria de las contradicciones existentes entre la clase obrera y los campesinos, es el camino de encarrilar a estos últimos sobre la vía de la gran agricultura colectiva, el camino de la eliminación de las fronteras entre la clase obrera y los campesinos.

Los éxitos de la colectivización socialista condujeron a la superación de la contradicción fundamental entre la economía rural individual diseminada y la industria socialista. La economía rural y la industria componen ahora un solo sistema socialista. Entre la clase obrera y los campesinos se conservan todavía algunas diferencias, pero al ritmo de los nuevos éxitos de la construcción socialista irán borrándose cada vez más, irán desapareciendo.

El 25 de noviembre de 1936, en su informe al VIII Congreso Extraordinario de los Soviets de la URSS «Sobre el proyecto de Constitución de la Unión de Repúblicas Socialistas Soviéticas», y al dar una característica de los cambios sociales que se han operado en la URSS, el camarada Stalin dijo:

> ¿Qué demuestran estos cambios? Demuestran, en primer lugar, que las líneas divisorias entre la clase obrera y los campesinos, así como entre estas clases y los intelectuales, se están borrando y que

está desapareciendo el viejo exclusivismo de clase. Esto significa que la distancia entre estos grupos sociales se acorta cada vez más. Demuestran, en segundo lugar, que las contradicciones económicas entre estos grupos sociales desaparecen, se borran. Demuestran, por último, que desaparecen y se borran entre ellos, igualmente, las contradicciones políticas[97].

Así, pues, hay contradicciones y contradicciones. Unas son antagónicas y las otras no lo son. En una sociedad en que existe una clase de explotadores y otra de explotados, las contradicciones tienen inevitablemente forma antagónica, y el medio de su solución es, irremediablemente, la revolución política, la lucha de vida o muerte. Escribe Marx: «¿hay de extrañarse de que una sociedad fundada en la oposición de clases se resuelva en la contradicción brutal, en un choque de cuerpo a cuerpo como último desenlace?»[98]. Por otra parte, Lenin argumentaba que «el antagonismo y las contradicciones no son en absoluto lo mismo. El primero desaparecerá; las segundas permanecerán en el socialismo»[99].

La sociedad Socialista no conoce contradicciones antagónicas, ya que en su seno no existen clases explotadas y clases explotadoras. Contradicciones antagónicas sólo existen entre la URSS, país que construye el socialismo, y el cerco capitalista; así como entre el Estado socialista y los restos de las destruidas clases enemigas que el cerco capitalista alimenta y sostiene dentro de la URSS.

El socialismo es una forma social que, por primera vez en la historia, crea las condiciones para el desarrollo ilimitado de las fuerzas productivas y de la cultura espiritual de la humanidad. Sólo bajo el socialismo comienza un auténtico movimiento en todos los dominios de la vida social, un movimiento que no es detenido por los numerosos obstáculos que existen en la sociedad explotadora.

---

97 Stalin, I.; *Cuestiones del leninismo*, op. cit., p. 506.

98 Marx, K., (1984), *Miseria de la filosofía*, Ediciones Orbis, p. 189.

99 Lenin, V.I., (1972), «Anotaciones al libro de Bujarin: "Teoría económica del periodo de transición"», en Bujarin, N., *Teoría económica del periodo de transición*, Pasado y Presente, p. 165.

Pero allí donde hay movimiento, donde hay desarrollo, existen inevitablemente también lo viejo y lo nuevo, lo que agoniza y lo que crece. Por consiguiente, existen contradicciones entre lo viejo y lo nuevo, entre lo caduco y lo que nace. Sin embargo, en absoluto estas contradicciones tienen otro contenido, otro carácter, otra forma de solución, no tienen nada de común con las contradicciones de las sociedades de clase: «Sólo cuando exista un orden de cosas en que no haya clases ni antagonismo de clase, las evoluciones sociales cesarán de ser revoluciones políticas»[100].

Las contradicciones en la sociedad Socialista no necesitan, para su solución, de revoluciones políticas. La sociedad comunista, tanto en la fase inferior como superior de su desarrollo, no conoce contradicciones entre las fuerzas productivas y las relaciones de producción. Por el contrario, las relaciones comunistas de producción abren un campo ilimitado para el desarrollo de las fuerzas productivas. En la sociedad capitalista, por el contrario, todas las contradicciones son expresión de la contradicción fundamental que existe entre las fuerzas productivas y las relaciones de producción.

El comunismo supera para siempre las contradicciones de este género. En la sociedad Socialista existen contradicciones de un orden completamente distinto, son contradicciones de crecimiento, del movimiento de avance de la sociedad Socialista, del paso de la primera fase inferior del comunismo a la fase superior, son contradicciones del desarrollo ilimitado de la sociedad Comunista.

En la URSS está construida, en lo fundamental, la sociedad Socialista. Allí triunfó y rige el principio socialista: de cada uno según su capacidad y a cada uno según su trabajo. Este principio corresponde a un determinado nivel de las fuerzas productivas. Pero las fuerzas productivas no permanecen estancadas, no se quedan en un estado inmutable. El socialismo desbroza el camino para un desarrollo jamás visto de la técnica, de la industria y de la agricultura socialista.

En un determinado grado de desarrollo de la primera fase del comunismo, cuando las fuerzas productivas crean la abun-

---

100 Marx, K., *Miseria de la filosofía*, op. cit., p. 189.

dancia de productos, de objetos de consumo, algunos signes de la sociedad Socialista comienzan inevitablemente a caducar, llegan a ser superfluos. El principio socialista «de cada uno según su capacidad y a cada uno según su trabajo» es necesario cuando las fuerzas productivas aún no son tan altas como para crear la abundancia de productos, cuando los hombres no se han desembarazado todavía definitivamente de los prejuicios del capitalismo, cuando el trabajo voluntario en bien de la sociedad no se ha convertido aún en el hábito de *todos* los hombres de la sociedad Socialista. Pero al alcanzar las fuerzas productivas un nivel en el que hay una inmensa abundancia de productos, ya no corresponde el principio de pago por el trabajo que rige durante la primera fase del comunismo. Cuando cada trabajador puede recibir según sus necesidades, el principio de pago por el trabajo se convierte en un fenómeno caduco.

Para superar esta contradicción no habrá necesidad de ninguna revolución, sin embargo. La diferencia entre el socialismo y el capitalismo consiste en que los hombres, en la sociedad Socialista, son ellos mismos los dueños de sus relaciones. La sociedad, consciente y paulatinamente, a medida que se crean las nuevas condiciones, abolirá los principios caducos y establecerá otros principios necesarios, que correspondan mejor a las nuevas condiciones materiales, más elevadas, de la vida. El país socialista está demostrando ya prácticamente este nuevo tipo de superación de las contradicciones, que sirve de abundante manantial para un más acelerado avance.

A manera de ejemplo tomemos un fenómeno como el del movimiento stajanovista. El rasgo característico de este movimiento es la ruptura de las viejas normas caducas de la productividad del trabajo. Lenin dijo que el comunismo vencerá cuando haya creado una productividad del trabajo más elevada en comparación con el capitalismo. El movimiento stajanovista es la expresión de la lucha por la productividad comunista del trabajo. Se comprende que las nuevas normas técnicas establecidas por los stajanovistas entren inevitablemente en contradicción con las viejas normas que ya no corresponden al nuevo nivel de la técnica, a la aumentada cultura de los obreros, etc. El movimiento stajanovista, dijo el camarada Stalin:

> [...] destruye las antiguas concepciones sobre la técnica, las antiguas normas técnicas, las antiguas previsiones y capacidades de las empresas, los antiguos planes de producción, y exige la creación de normas técnicas nuevas, más elevadas, nuevas y más elevadas previsiones de rendimiento, nuevos y más elevados planes de producción[101].

El nacimiento de contradicciones y la necesidad de superarlas crea un poderoso estímulo para el crecimiento de la productividad del trabajo. Algo semejante sucede también en cuanto a la ciencia. El movimiento stajanovista derriba algunas ideas viejas de la ciencia, las fórmulas anticuadas entran en contradicción con los nuevos datos de la ciencia. La auténtica ciencia está siempre ligada a la práctica. El desarrollo práctico de la sociedad profundiza la ciencia, perfecciona sus conclusiones, impone la necesidad de renovarla.

> La ciencia se llama ciencia justamente porque no reconoce fetiches, porque no teme acabar con lo que se hace viejo y caduco y porque presta oído atento a la voz de la experiencia y de la práctica. Si hubiera sido de otro modo, no habría habido, hablando en general, ciencia entre nosotros; no habría habido, por ejemplo, astronomía y habríamos vuelto al sistema anticuado de Ptolomeo; no habría habido biología y continuaríamos todavía consolándonos con la leyenda de la creación del hombre; no habríamos tenido química y habríamos sido reducidos a las predicciones de los alquimistas[102].

Es fácil imaginarse la proporción que alcanzará el desarrollo de la técnica, de la productividad del trabajo, de la ciencia, en la sociedad Comunista. Pero también en ella este desarrollo se efectuará en forma de nacimiento y superación de contradicciones entre lo viejo y lo nuevo, entre lo caduco y lo que se desarrolla.

Toda la fuerza de las contradicciones radica precisamente en que obligan a desembarazarse de lo que ya no es suficiente, de

---

101 Stalin, I.; *Cuestiones del leninismo*, op. cit., pp. 488-89.

102 Ibid. p. 496.

lo que ya es anticuado y no puede servir de norma, de lo que es preciso superar para elevarse a un nivel más alto. Pero si bajo las anteriores formas explotadoras de la sociedad las contradicciones se manifestaban y eran resueltas en una lucha sangrienta, a muerte, puesto que existían clases que estaban interesadas en la conservación de lo viejo; bajo el comunismo las contradicciones son superadas sin dolores y conscientemente por la propia sociedad, puesto que la sociedad Comunista no conoce la división en clases y todos sus integrantes están igualmente interesados en el movimiento de avance.

De esta manera, podemos sacar de lo dicho acerca de las contradicciones, las siguientes conclusiones:

La teoría de la dialéctica materialista sobre el desarrollo mediante la lucha y el tránsito mutuo de los contrarios socava en su fundamento las conclusiones del método metafísico acerca de que los objetos son siempre iguales a sí mismos. En la realidad, los objetos y los procesos encierran en sí contradicciones intrínsecas, tendencias contrapuestas, tienen su pasado y su futuro; la lucha de estos contrarios constituye la fuente del desarrollo de las cosas, el contenido interno del tránsito de los cambios cuantitativos a cualitativos.

Cada objeto, cada fenómeno es la unidad de los contrarios. Pero esta unidad es relativa, o sea, pasajera, transitoria. Si la unidad fuera eterna, absoluta, no habría ningún desarrollo. La lucha entre los contrarios, la fuente del eterno movimiento, es la única que tiene un valor absoluto.

El desarrollo auténtico que consiste en la desaparición de lo viejo y el nacimiento de lo nuevo, en la renovación perpetua del mundo, no presupone la conciliación, ni la neutralización de los contrarios, sino su superación, su solución revolucionaria.

En esto radica la profunda diferencia entre la teoría de los revolucionarios proletarios y la teoría de los reformistas y oportunistas. Los primeros no disimulan las contradicciones, sino que, por el contrario, las ponen audazmente al desnudo y las superan por vía revolucionaria. Los segundos amortiguan las contradicciones de clase, tratan de reconciliarlas y se convierten en lacayos de la burguesía imperialista. La dialéctica materialista es el instrumento de la revolución proletaria y de la construcción de la nueva sociedad.

Capítulo V
Las categorías de la dialéctica materialista

1

Hemos expuesto ya los rasgos o leyes fundamentales de la dialéctica, pero la dialéctica no se reduce a estas leyes. La variedad múltiple de la realidad que cambia y progresa eternamente halla también su expresión teórica en una serie de categorías de la dialéctica materialista. Las más importantes son: la categoría de esencia y fenómeno, de contenido y forma, de necesidad y casualidad, de necesidad y libertad, de posibilidad y realidad.

Antes de pasar a una breve caracterización de estas categorías nos detendremos en el problema de qué es una categoría en la dialéctica marxista. La teoría materialista dialéctica del conocimiento es la teoría del reflejo, según la cual nuestras sensaciones, nuestro pensamiento, reflejan la realidad. Pero el reflejo de la realidad no es un proceso simple, carente de complejidad, que consiste en fotografiar los objetos que se encuentran ante el hombre; no es el resultado de un reflejo espontáneo, automático, de la naturaleza. Lenin, en sus *Cuadernos filosóficos*, dedicó muchísima atención a la teoría dialéctica del conocimiento y señaló que este es el reflejo de la naturaleza en la conciencia del hombre. Lenin escribe:

> Pero no es un reflejo simple, inmediato, completo, sino el proceso de una serie de abstracciones, la formación y el desarrollo de conceptos, leyes, etc., y estos conceptos, leyes, etc. (pensamiento, ciencia = «la idea lógica») *abarcan* condicionalmente, aproximadamente, la regularidad universal de la naturaleza en eterno desarrollo y movimiento[103].

---

103 Lenin, V. I., «Cuadernos filosóficos», op. cit., p. 161.

Lenin subraya la complejidad del proceso de conocimiento y distingue lo principal, lo fundamental en él: la formación de conceptos, esto es, de categorías que reflejan las leyes de la naturaleza. ¿En qué estriba el sentido de esta tesis leninista? Todo conocimiento comienza por la viva contemplación de la realidad. Pero el conocimiento no puede limitarse sólo a los datos que proporcionan los órganos de los sentidos. La contemplación viva de la realidad sólo es capaz de crear una idea de los fenómenos singulares. Es una fase preparatoria, necesaria, para un conocimiento más profundo, para la generalización de la masa de los fenómenos singulares y el descubrimiento de sus conexiones esenciales, de sus aspectos esenciales. De la contemplación viva de la realidad el conocimiento se eleva a un grado más alto, y esta fase superior es también el proceso de la formación de una serie de abstracciones, categorías y leyes.

Al elevarnos a este grado del conocimiento es como si nos retiráramos, nos abstrajéramos de la variedad múltiple, concreta, de la realidad. Si la contemplación viva, sensible, de la realidad nos presenta el mundo en su estado inmediato, en toda su precisión; en cambio, al formar las categorías, el conocimiento sólo toma lo típico, lo más sustancial, lo que es peculiar a cada fenómeno singular.

Vamos a comparar dos series de conocimientos: el arte y la ciencia. El arte, como forma de conocimiento, se caracteriza porque refleja, reproduce, lo esencial en forma de lo singular, de lo concreto, en forma de una imagen artística. La obra artística, el cuento, la novela, el poema, describen un suceso importante, esencial para el hombre, en forma de una historia viva, concreta; una narración sobre el destino de cualquier hombre revela la psicología, los pensamientos, las actitudes, las acciones de los hombres. Obtenemos un cuadro típico de la vida, pero lo típico aquí está presentado en forma de lo singular. He aquí algunas estrofas de una poesía del poeta alemán Schiller. El poeta describe la naturaleza:

> Saludo mi montaña con su cumbre quemada por el sol.
> Saludo también al sol, la luz que en él reposa,

Saludo al prado animado y a vosotros, los tiles murmurantes,
Al coro alegre de los pájaros, escondido en las ramas flexibles.
Saludo al cielo tranquilo, vastamente bañado por el azul...

Tenemos ante nosotros un cuadro vivo. Vemos la naturaleza tal como ella se nos ofrece directamente en las sensaciones.

Tomemos ahora el conocimiento científico. Este no da esas imágenes concretas, reproduce la naturaleza, la vida social, en forma de conceptos, de categorías. A diferencia de la imagen artística, las categorías científicas son abstractas, inconcretas. Por ejemplo, en las categorías científicas de «materia», de «movimiento», no se refleja esta o aquella forma concreta de la materia, este o aquel modo del movimiento de la materia, sino cualquier forma de la materia, cualquier modo del movimiento.

En las categorías, el conocimiento humano, abstrayéndose de lo casual, de lo no principal, de lo no característico en los fenómenos y objetos, generaliza sus propiedades peculiares. Engels escribía que las categorías como «materia», «movimiento», son «simplemente *abreviaturas* en las que resumimos, conforme a sus propiedades comunes, las diversas cosas sensiblemente percibidas». También Lenin habla de las categorías como de abreviaturas de la masa infinita de las particularidades, de los rasgos de segundo orden de la existencia exterior. Por eso, al componer categorías, conceptos científicos, el conocimiento se aparta y se retira inevitablemente de la variedad múltiple de la realidad.

Lenin mostró muy profundamente el sentido de esta retirada: es una retirada necesaria para lanzarse mejor y saltar hacia adelante, es decir, conocer mejor la realidad. En el proceso de la formación de categorías, el conocimiento penetra más profundamente en el mundo objetivo, descubre las leyes de su desarrollo. Sin la formación de estas categorías científicas, de estas leyes científicas, no es posible establecer correctamente en la ciencia la auténtica esencia de los fenómenos, de los sucesos singulares; no es posible orientarse correctamente en la variedad múltiple y concreta del mundo.

De esta manera, las categorías, como las leyes más generales de la dialéctica, son formas del reflejo científico de la realidad, tal como dice Lenin: «la forma de reflejo de la naturaleza en la cognición humana, y esta forma consiste precisamente en conceptos, leyes, categorías, etc.». Lenin señala el valor que las categorías tienen en el conocimiento. Dice: el hombre tiene ante sí una red de fenómenos de la naturaleza, una red muy compleja, en la que es fácil embrollarse. El hombre instintivo, el salvaje, no sabe distinguirse todavía de la naturaleza; el hombre consciente se diferencia de la naturaleza. Y he aquí que «las categorías son etapas de este distinguirse, es decir, del conocer el mundo, puntos focales de la red, que ayudan a conocerla y dominarla»[104].

La dialéctica materialista considera las categorías del conocimiento como el reflejo de la realidad *objetiva*. Refuta la teoría idealista, según la cual, las categorías tienen un carácter subjetivo. Las categorías de la dialéctica materialista reflejan las leyes de la propia realidad, conocidas sobre la base de la actividad práctica de los hombres.

La teoría de la dialéctica materialista de las categorías se diferencia así radicalmente de la teoría de las categorías de la filosofía idealista. Por ejemplo, en Kant, las categorías son conceptos apriorísticos, es decir, conceptos dados de antemano en la conciencia, antes de la experiencia, antes de la práctica. No están extraídos de la propia realidad objetiva, no son el resultado de la sintetización de esta realidad. Las categorías son consideradas por Kant como el producto de la actividad subjetiva del hombre. Están dadas de antemano en la conciencia del hombre y este coloca las categorías sobre la naturaleza, como marcos hechos, poniendo así orden en el caos de las casualidades que, según Kant, impera en la naturaleza. De este modo resulta que el hombre, con sus categorías y conceptos, construye la realidad, mientras la verdad es que la realidad es reflejada en la conciencia del hombre, en las categorías por él creadas. El concepto idealista de las categorías, como todas las teorías del idealismo, es refutado por la práctica.

En la teoría de la dialéctica materialista tiene una importancia esencial, extraordinaria, el problema de las conexiones

---

104 Ibid., pp. 161 y 83.

entre las categorías, la correlación. Cada categoría —contenido, forma, esencia, fenómeno, necesidad, casualidad, etc.— refleja un determinado aspecto de la realidad. Por consiguiente, las categorías sueltas, tomadas aisladamente una de otra, no dan un cuadro, no dan un reflejo completo de la realidad. Por eso, del mismo modo que en la propia realidad, sus diversas partes, los diversos aspectos de las cosas se hallan en una interdependencia, se condicionan mutuamente, se truecan unos en otros, así en el proceso del conocimiento las categorías de la dialéctica materialista deben ser ligadas entre sí, deben hallarse en una acción recíproca, trocarse una en la otra para abarcar la realidad en su movimiento, en toda su integridad.

Partiendo de este criterio Lenin formula esta importante tesis de la dialéctica materialista: lo que da un cuadro científico de la realidad no son las categorías aisladas, esta o la otra categoría, sino la suma infinita de las categorías en sus conexiones, en su conjunto, en sus tendencias: «La suma infinita de los conceptos generales, leyes, etc., da *lo concreto* en su totalidad»[105].

De lo dicho se puede concluir que no hay ninguna línea divisoria sustancial, ninguna separación sustancial entre las categorías y las leyes de la dialéctica. Las leyes, las categorías, los conceptos, todo ello son formas del reflejo de la realidad en la conciencia. Las leyes de la dialéctica —la conexión universal, el movimiento y la mutación, el trueque de los cambios cuantitativos en cualitativos, la unidad y la lucha entre los contrarios— son las más generales, las leyes más importantes del desarrollo de la realidad objetiva. Las categorías expresan también los aspectos sustanciales de la realidad, complementan las leyes fundamentales del pensamiento dialéctico por nuevas formas de conexión; concretan, amplían la teoría dialéctica del desarrollo, sirven de expresión de algunos nuevos aspectos de la realidad que hallan su característica más general sólo en las leyes fundamentales de la dialéctica. Pasaremos ahora a exponer algunas categorías fundamentales.

---

105 Ibid., p. 251.

2

Esencia y Fenómeno pertenecen al número de las categorías más importantes de la dialéctica marxista. ¿Qué es esencia? ¿Qué es fenómeno? Esencia es lo más importante, lo decisivo en la masa del fenómeno, es lo sustancial en la realidad, su lado interno. Fenómeno es la misma esencia, pero tomada en su apariencia inmediata, tal como está dada en la superficialidad de la vida. Es la manifestación exterior de la esencia, el lado externo de la realidad, de las cosas y de los sucesos singulares concretos.

Lo sustancial, lo interno, es algo relativamente quieto, estable, en la masa de las cosas que cambian, mientras que el fenómeno es menos quieto, menos estable, sujeto a un rápido cambio. En el mercado capitalista vemos una masa de mercancías de las más diversas. A primera vista parece que ninguna de ellas tiene nada de común con las demás, ya que encierran diversos valores de uso. Pero por más que las diversas mercancías se diferencien entre sí, todas tienen algo en común que les permite ser intercambiadas unas por otras. Y lo común, lo esencial de todas ellas, es el valor, el trabajo invertido en su producción. Para Marx, es el trabajo lo que iguala a todas las mercancías y constituye su unidad, su sustancia y razón intrínseca de valor.

Los precios en el mercado capitalista, gracias a la competencia, fluctúan sin cesar, subiendo y bajando, son inestables, inquietos: hoy el precio de cualquier mercancía es uno; mañana, otro. Pero hay algo estable, algo firme en esta fluctuación constante. Y lo firme, lo estable en los precios de las mercancías es su valor. El valor es la esencia de los precios. El precio es el fenómeno de esta esencia[106]. El valor permanece relativamente

---

106 TR: En los *Grundrisse* Marx afirma: «[...] el precio de las mercancías se presenta como una relación *externa* de los valores de cambio o de las mercancías con el dinero; la mercancía *no es* precio, como era valor de cambio según su sustancia social; esta determinación no coincide con ella *inmediatamente*, sino que es mediada por su comparación con el dinero; la mercancía *es* valor de cambio, pero *tiene* un precio. [...] El precio no es ya una determinación inmediata de la

quieto, estable en el cambio de los precios. El precio de una mercancía puede subir o bajar, pero el valor permanece el mismo. La competencia influye sobre la oscilación de los precios de las mercancías, pero el valor atraviesa su camino en medio de los precios más diversos y rápidamente variables.

Al estudiar el mundo capitalista moderno tropezamos con fenómenos como las guerras periódicas por el reparto del mundo, las guerras por las colonias, las crisis periódicas de sobreproducción, el paro forzoso, etc. La generalización de toda esta variedad múltiple de fenómenos de la realidad capitalista nos lleva al descubrimiento de su unidad, de su esencia, del fundamento que radica en los más diversos fenómenos del capitalismo. Este fundamento es la contradicción entre las fuerzas productivas y las relaciones de producción en el seno de la sociedad capitalista.

La contradicción entre las fuerzas productivas y las relaciones de producción es algo relativamente estable, anida fuertemente en todos los fenómenos de la sociedad capitalista. En cada fenómeno de la sociedad capitalista: en las guerras periódicas, en las crisis, en el paro forzoso, etc., hallamos la manifestación de esta contradicción.

En cambio, toda la variedad múltiple de los fenómenos de la sociedad socialista expresa su unidad, el hecho más importante y de principio, de que entre las fuerzas productivas y las relaciones de producción en la URSS no hay contradicción y se corresponden plenamente. Esta armonía se expresa tanto en los ritmos impetuosos del desarrollo de la industria y de la economía rural, en la inexistencia del paro forzoso y de crisis, en el desarrollo planificado de la economía, como en el crecimiento de la cultura, etc. En cada fenómeno de la vida en la URSS se reflejan los nuevos principios de la sociedad socialista, los nuevos fundamentos sociales del régimen soviético.

Ya estos solos ejemplos demuestran el enorme valor que tienen las categorías de esencia y fenómeno en el conocimiento científico. La distinción entre esencia y fenómeno en la realidad

---

mercancía, sino una determinación refleja. [Marx, K., (2024), *Líneas fundamentales de la crítica de la economía política («Grundrisse»)*, Akal, pp. 105-06.]

da la posibilidad de descubrir entre los millones de los más diversos fenómenos, su unidad, la ley por la que se rigen. La naturaleza, la vida social son tan ricas y variadas en sus manifestaciones, que es muy difícil perderse en ellas y creer que cada fenómeno existe por sí mismo, tiene sus propias leyes de existencia. Las ciencias naturales del siglo XVIII no estaban todavía en condiciones de descubrir la unidad entre el mundo inorgánico y el orgánico, la unidad en la variedad múltiple de la propia naturaleza inorgánica, la unidad de las diversas formas del movimiento material. La ciencia del siglo XIX alcanzó grandes éxitos porque supo establecer esta unidad entre los más diversos campos de la realidad, es decir, supo descubrir la conexión interna entre los fenómenos y reducir lo externo, lo aparente, a fuerzas básicas motrices.

Las categorías de esencia y fenómeno reflejan también la diferencia entre lo sustancial, relativamente estable, y lo externo, que cambia rápidamente en el mundo objetivo. La incomprensión de la correlación dialéctica entre las conexiones internas de los objetos y su manifestación externa, a veces contradictoria, ha sido un verdadero escollo para muchos sistemas filosóficos.

Se trata de que la esencia y el fenómeno no son sólo una unidad, sino también la unidad de las diferencias. Si la esencia y el fenómeno se confundieran, dice Marx, no habría necesidad de la ciencia. Bastaría entonces con describir los fenómenos tal como son percibidos por los sentidos. En realidad, los vínculos internos, sustanciales, no aparecen en la superficie de los fenómenos, son invisibles a simple vista. El fenómeno no se confunde directamente, inmediatamente, con la esencia, puede haber entre ellos una contradicción. La tarea de la ciencia al estudiar los fenómenos de la realidad, consiste precisamente en reducirlos a su esencia, en hallar las leyes por las que se rige su desarrollo y demostrar cómo los aspectos internos decisivos hallan su realización en los fenómenos externos. Esta no coincidencia de la esencia y el fenómeno, no saber superar, por una u otra causa, la contradicción que existe entre ellos; ha sido en la historia de la filosofía una de las causas de su apartamiento de la ciencia, de la creación de los sistemas filosóficos no científicos.

La comprensión incorrecta de la correlación entre la esencia y el fenómeno en los procesos de la realidad es, sobre todo, una de las raíces gnoseológicas, es decir, teóricas, del idealismo. Filósofos como Kant, separaban el fenómeno de la esencia, consideraban que entre la esencia y el fenómeno no existe ninguna conexión y declaraban la esencia como una «cosa en sí» incognoscible. A juicio de Kant sólo los fenómenos de la realidad nos son asequibles. Pero los propios fenómenos en sí, carentes según Kant de todo fundamento, de toda esencia, son convertidos por él en algo subjetivo que existe únicamente porque los hombres lo perciben.

Hegel hizo mucho por la interpretación correcta de la correlación existente entre la esencia y el fenómeno. En su *Lógica* demuestra que no hay fenómeno sin esencia, que la esencia se expresa en el fenómeno. A juicio de Hegel, la esencia es cognoscible. De una esencia incognoscible, dice criticando a Kant, nada se puede decir. Es una especie de vacío que jamás puede ser objeto de conocimiento. Tal esencia no existe. Pero si en su *Lógica*, Hegel dio en general una solución correcta a este problema, todo su sistema idealista, puede sin embargo servir de ejemplo de alteración de la correlación real existente entre la esencia y el fenómeno de la realidad.

Hegel razona de esta manera: el fenómeno es inestable, está sujeto a una desaparición más o menos rápida. Pero la ciencia no puede limitarse a adquirir conocimiento de los fenómenos, debe también adquirir conocimiento de su esencia. Por ejemplo, el hombre es un ser singular. Existen muchos hombres singulares, concretos. Lo que hay de común entre ellos es el género[107]. De aquí saca Hegel la conclusión, de que lo principal no son los hombres singulares, ya que los hombres singulares nacen y mueren, sino el género, puesto que durante este cambio ininterrumpido el género permanece uno y el mismo. Pero, ¿qué es género? Es lo universal, y lo universal, dice Hegel, es concebido sólo por el pensamiento, no existe en el mundo material exterior:

---

107 TR: Género se refiere aquí a la categoría taxonómica de la Biología.

El género como tal no podría ser objeto de la percepción; las leyes del movimiento de los cuerpos celestes no están escritas en el cielo. Así no se oye ni se ve lo general, porque no existe sino para el espíritu[108].

Lo universal es el espíritu, la idea, el concepto. Y así convierte Hegel la esencia de los fenómenos del mundo objetivo en concepto, espíritu, idea, y hace de la idea y del concepto la esencia de la naturaleza, de todo lo existente. La idea, el concepto, como lo universal, engendra los fenómenos reales, concretos, de la realidad. Hegel separa la esencia de los fenómenos de los fenómenos mismos, y convierte la esencia separada de la realidad objetiva –basándose en que esta es concebida por el pensamiento– en un concepto, en una idea. Tal es la raíz teórica del idealismo objetivo.

Y, ¿cómo resuelve el método dialéctico marxista el problema de la esencia y el fenómeno, de lo interno y lo externo? En la primera fase del conocimiento está ante nosotros la variedad múltiple de la realidad. Cuando comenzamos a entablar conocimiento con la realidad, nos aparecen los fenómenos de la realidad. El fenómeno es la revelación externa de la esencia. El posterior conocimiento a base de la relación práctica con el objeto, hace más precisa, concreta y profunda nuestra imagen de dicho objeto. El conocimiento pasa del fenómeno al análisis de la esencia: los lados ocultos, internos, de las cosas. El conocimiento se eleva a la fase de la formación de abstracciones.

La esencia, como ya se ha dicho antes, es la abreviatura de la masa infinita de las particularidades de la realidad, el reflejo de lo estable en los objetos, la reducción de lo exterior, de lo aparente, a la fuerza móvil básica del desarrollo, a la ley por la que se rige el desarrollo.

Hay que hacer notar que la esencia y la ley son, según la expresión de Lenin, nociones del mismo orden. La ley es también el reflejo de lo *esencial* en la realidad. En las leyes concretas descubrimos la esencia de la naturaleza, de la vida social. Por ejemplo, el proceso de la formación de la plusvalía es la esencia del

---

108 Hegel, G. W. F., (2002), *Lógica*, vol. I, RBA, p. 25.

modo capitalista de producción. Pero esta misma esencia se expresa en una serie de leyes económicas, formuladas por Marx en *El Capital*. Cada una de estas leyes es más limitada que la esencia de la producción capitalista en general, pero al mismo tiempo es también más concreta, puesto que la esencia recibe en estas leyes su expresión definida. De esta manera, la ley es la expresión de la esencia.

Sólo el conocimiento de la esencia de las cosas nos ofrece un cuadro correcto de la variedad exterior y múltiple de la realidad, de lo que se halla en la superficie del mundo. Al conocer la esencia, concebimos ya los fenómenos en conexión con su esencia, como expresión de la esencia. Así, por ejemplo, al descubrir en la lucha de la burguesía naciente contra el feudalismo la esencia de la revolución burguesa de Francia de 1789, concebimos ya los fenómenos de la vida social de aquella época como la lucha del materialismo contra el idealismo, del arte cívico contra el arte que elude los problemas sociales, de las ideas republicanas contra las ideas monárquicas, etc., no como fenómenos independientes y aislados unos de otros, sino como la expresión de la esencia de esa época, como la manifestación de la lucha entre las nuevas fuerzas productivas y sus viejas relaciones de producción.

Es así como el conocimiento científico descubre la esencia de los fenómenos y muestra cómo dicha esencia se manifiesta en los múltiples y variados fenómenos.

Aparte de esto, no se debe perder de vista –y este aspecto tiene una gran importancia en la teoría marxista de esencia y fenómeno– que, con la sola crítica teórica de la realidad, no es suficiente para conocer su esencia. La crítica teórica se fundamenta y se verifica en la práctica, se complementa con la actividad práctica. En los *Cuadernos filosóficos*, Lenin destaca este aspecto:

> La actividad del hombre, que ha construido para sí un cuadro objetivo del mundo, *cambia* la realidad exterior, suprime su determinación (= modifica tal o cual de sus aspectos o cualidades) y le elimina así los rasgos de apariencia, exterioridad y nulidad y la torna ser en sí y para sí (= objetivamente verdadera)[109]

---

109 Lenin, V. I., «Cuadernos filosóficos», op. cit., pp. 196-97.

Esta es, brevemente expuesta, la interpretación marxista de las categorías de esencia y fenómeno. Dicha interpretación, como hemos visto, se diferencia radicalmente de la hegeliana. Según Hegel, el fundamento del mundo material es la esencia idealista, el concepto, la idea absoluta. Para Marx, en cambio, la materia es la esencia de todos los fenómenos de la naturaleza. La propia conciencia no es más que la manifestación de actividad de la materia altamente organizada. La esencia de los objetos no se halla en ningún sitio al margen de los fenómenos, está en los propios fenómenos, en la masa de los fenómenos. La categoría de esencia, como categoría del conocimiento, tiene como fuente el mundo objetivo real, sus relaciones sujetas a leyes. El hecho de que las leyes de la realidad sean concebidas por el pensamiento, sólo atestigua que con los órganos de los sentidos únicamente no basta para descubrir las conexiones ocultas de los fenómenos. Sólo al idealismo se le antoja sacar sobre esta base la conclusión de que lo universal es la peculiar propiedad del espíritu. El valor de las mercancías carece de elementos sensoriales, sin embargo, es una realidad objetiva, una propiedad objetiva interna de cada mercancía.

La dialéctica marxista-leninista, por primera vez en la historia del pensamiento, dio un fundamento sólido para vencer en la conciencia la contradicción, la no coincidencia de la esencia y la apariencia en los objetos.

Más arriba hemos hablado ya de la inevitabilidad objetiva de la no coincidencia de la esencia y la apariencia de los fenómenos, y citábamos a este respecto la afirmación de Marx de que, si éstos coincidieran, no habría entonces necesidad de la ciencia. ¿Por qué el marxismo considera inevitable esta no coincidencia? Porque la esencia no se expresa en un fenómeno cualquiera, sino en la masa de fenómenos, porque la esencia es el término medio de estos fenómenos. Si alguien dijera que el individuo X coincide *plenamente* con la esencia del «hombre», cometería un craso error. La esencia del «hombre» no se manifiesta sólo en X, sino también en Y, en Z, etc., es decir, en la masa infinita de los individuos. Si la esencia del hombre coincidiera *plenamente* con cualquier individuo determinado, habría que negar entonces que todo el resto de los hombres pertenece al género humano, puesto que no hay ningún hombre que se asemeje íntegramente a otro.

Toda esencia y toda ley, como expresión de la esencia de los objetos, se diferencia de los fenómenos, sólo coincide con ellos aproximadamente, en término medio, en tendencia. Vamos a explicarlo con un ejemplo. En nuestra época, la ley universal objetiva del desarrollo social es la maduración de la revolución proletaria en los países capitalistas, la destrucción del capitalismo y el paso a una sociedad nueva, comunista. Esta es la esencia de los procesos que actualmente tienen lugar en todo el mundo. Pero, ¿puede esta ley tener alguna forma única de manifestación, obligatoria para todos los países en que esta ley tiene su existencia? ¿Puede la revolución proletaria en uno u otro país ser plenamente identificada con la ley general? Sólo cabe contestar negativamente a esta pregunta. La esencia, la ley, no es algo que exista fuera de sus fenómenos concretos. La ley se realiza en una serie de fenómenos y sólo en la medida en que ella existe. Pero en los diversos países existen diferentes condiciones. Por eso, la ley universal, aplicada a cualquier país, en virtud de las diferentes condiciones y diversas circunstancias históricas, ha de tener formas desiguales de manifestaciones específicas.

> Todas las naciones llegarán al socialismo, eso es inevitable, pero no llegarán de la misma manera; cada una de ellas aportará sus elementos peculiares a una u otra forma de democracia, a una u otra variante de la dictadura del proletariado, a uno u otro ritmo de las transformaciones socialistas de los diversos aspectos de la vida social[110].

Cuando la revolución proletaria se realizó en Rusia, los mencheviques exclamaron que no se realizaba «conforme a la ley»; querían amoldar la vida con toda su múltiple variedad en los marcos de sus ideas dogmáticas sobre la revolución proletaria y sus leyes. Lenin dio una formidable respuesta a los mencheviques en sus observaciones sobre Sujanov[111].

---

110 Lenin, V. I., (1985), «Sobre la caricatura del marxismo», en *Obras Completas,* vol. XXX, Editorial Progreso, p. 129.

111 TR: Se refiere al escrito «Nuestra revolución (A propósito de las notas de N. Sujánov)».

Por consiguiente, aunque la ley y la esencia expresen ambas el fundamento, lo decisivo en los fenómenos, y en este sentido reproduzcan la realidad más hondamente que los fenómenos; sin embargo, éstos son más ricos por cuanto encierran la plenitud de la variedad múltiple del mundo, que no puede estar en la ley que refleja tan sólo lo esencial de esta variedad múltiple. No sólo la revolución proletaria en Rusia, sino todas las futuras revoluciones proletarias en los demás países, con todos sus rasgos específicos, constituyen la riqueza de formas de manifestación de una misma ley. Y he aquí también por qué sin incurrir en grandes errores no se puede identificar directa e inmediatamente esta o aquella forma de manifestación de la ley con la ley misma. En la lucha real tal identificación significaría ignorar las condiciones específicas, peculiares, de cualquier período histórico determinado.

Al propio tiempo la dialéctica marxista considera que la esencia como tal, ley de los fenómenos, sólo es en éstos estable y constante relativamente. La esencia de los objetos está también sujeta a cambios. La esencia no es una identidad abstracta, sino concreta; una identidad que en sí misma encierra diferencias, contrarios. Esto quiere decir que en la propia esencia de los objetos están las fuentes de su desarrollo, de sus cambios, y que las contradicciones y cambios de la propia esencia sirven de base a la variedad múltiple de los fenómenos.

Así pues, la esencia de la realidad no puede confundirse plenamente con sus fenómenos. Más aún, esta no coincidencia adquiere en este o en aquel caso el carácter de una profunda contradicción. La tarea de la ciencia auténtica consiste, precisamente, en demostrar la conexión existente entre la esencia y los fenómenos: su unidad. Sólo la interpretación marxista científica de la correlación entre la esencia y el fenómeno pone al descubierto esta conexión de una manera total.

El Capital, de Marx, puede servir como el más grande modelo de análisis dialéctico de las propiedades internas, esenciales, de la sociedad y de sus manifestaciones externas. Ninguna otra formación social como la sociedad capitalista, tiene tal contradicción entre las leyes efectivas y las formas externas que aquellas toman en la vida inmediata. Las relaciones efectivas están aquí tan ocultas, las relaciones externas se diferencian tanto de las internas que antes de Marx ni un solo economista pudo descubrir esta dialéctica compleja de lo *interno y externo* en el modo capitalista de producción. Las relaciones sociales entre los hombres y entre las clases en la sociedad capitalista tienen la forma de relaciones entre cosas. Las relaciones sociales entre los hombres están encubiertas por relaciones entre mercancías.

La explotación de los obreros que sirve de única fuente de la plusvalía adquiere en la superficie de los fenómenos la apariencia de relaciones «naturales» entre capitalistas y obreros. El obrero vende al capitalista su trabajo y el capitalista le da a cambio un salario. Puede parecer que aquí no hay ninguna explotación. En realidad, la forma salario oculta el hecho de que el capitalista, al comprar la fuerza de trabajo, paga al obrero tanto dinero como necesita para recuperar su fuerza de trabajo; más aún, como norma le paga menos aún que el valor de la fuerza del trabajo, y el capitalista se apropia en calidad de plusvalía todo el trabajo excedente, todo el plustrabajo.

El proceso de producción finaliza en el proceso de circulación de mercancías: las mercancías llegan al mercado. En el proceso de circulación la plusvalía creada en las diversas fábricas se nivela, iguala y transforma en una cuota media de beneficio. Aunque en una fábrica se haya producido el 100 por 100 de plusvalía y en la otra el 200 por 100, los capitalistas de ambas fábricas con igual capital obtendrán el mismo beneficio. Puede parecer que el beneficio no depende de la explotación de los obreros, ya que ambos capitalistas reciben igual cuota media de beneficio. Puede parecer que la fuente del beneficio no sea la explotación de los obreros, sino la presencia del capital: el capital por sí mismo, como capaz de dar el beneficio a su dueño.

El beneficio comercial aparece como un simple aumento de los precios, la mercancía se compra por 100 pesos y se vende por 120. ¿Qué es, entonces, el beneficio comercial? Al parecer, un simple encarecimiento del precio. Pero en el fondo, como lo demostró Marx, el beneficio comercial es una parte de la plusvalía que el capitalista industrial cede al capitalista comercial. Este fenómeno está oculto bajo la superficie y la ganancia comercial como la renta de la tierra, aparentan tener por fuente cualquier cosa, menos la plusvalía. Todo se convierte en un fetiche en cuanto nos enfrentamos al interés, tanto que su origen es completamente incomprensible a primera vista. Si nos limitáramos a la apariencia del fenómeno, el interés podría ser atribuido a una propiedad natural que el dinero tendría para producir ingresos.

Contradicciones como estas entre la esencia de la producción capitalista y sus formas de manifestación son el resultado inevitable del propio modo de producción. Esta contradicción ha creado inmensas dificultades para el análisis teórico de las relaciones capitalistas de producción.

Los economistas burgueses no pudieron superar esta contradicción entre la apariencia de los fenómenos y su esencia. Marx hace una diferencia entre los economistas burgueses de la escuela clásica –Smith y Ricardo– y los posteriores economistas vulgares. Los primeros trataban de penetrar en la «fisiología de la sociedad burguesa», y en este camino lograron no pequeños éxitos. Los segundos no fueron más allá de la apariencia de los fenómenos. Pero aún de los representantes de la economía política clásica, Marx escribía que, si también trataron de descubrir la conexión interna, de hallar la esencia de los fenómenos, no pudieron hacerlo, no obstante, sin quitarse su piel burguesa. Aquí tenían importancia no sólo las raíces teóricas, sino también las raíces de clase de sus conceptos. Marx decía que el instinto indicaba con plena justeza a los economistas burgueses (Marx se refiere a la escuela del economista inglés Ricardo) que es muy peligroso investigar el mordaz problema del origen de la plusvalía. Y, por el contrario, el interés de los economistas burgueses consistía, precisamente, en envolver en una cortina de humo la esencia de la producción capitalista.

Con los economistas vulgares aparece en escena la ignorancia apologética, como dice Marx. El economista vulgar se siente en su elemento en la superficie de la vida. Aprovecha la apariencia de los fenómenos para disimular la conexión interna de las relaciones capitalistas y glorificar al capitalismo como el único régimen racional. Con esta escuela de economistas se abre paso el temor de socavar el reino de la burguesía a raíz del descubrimiento de las conexiones internas; el temor de verse, súbitamente, ante una situación molesta desde el punto de vista político, como dijo Marx.

Al caracterizar la ciencia económica vulgar, Engels dijo que el torpe rocín de la conciencia burguesa ordinaria se para espantado ante la zanja que separa la esencia del fenómeno, la causa del efecto. Sólo Marx descubrió teóricamente las verdaderas conexiones internas del modo capitalista de producción, demostrando por qué estas adquieren un carácter contrapuesto en sus formas de manifestación. Y Marx pudo hacerlo no sólo porque poseía una colosal fuerza de análisis y síntesis teóricos, sino también porque era el ideólogo del proletariado, que penetra sin miedo en la propia esencia de los fenómenos.

Con toda su actividad teórica y práctica, los jefes del proletariado dan múltiples modelos de análisis científico de la esencia de estos o aquellos procesos y sucesos, y de reducción de la apariencia de los fenómenos a la fuerza básica actuante. Fácil es comprender el valor enorme que para la actividad política práctica del Partido del proletariado tiene llegar a ver la esencia de los fenómenos, saber separar y no identificar la esencia con el fenómeno, y descubrir detrás del fenómeno su verdadero contenido.

Tomemos el período actual. Jamás fueron tan complicadas las relaciones internacionales como en esta época de intensas contradicciones entre los países imperialistas, de la división del mundo en dos sistemas, el capitalista y el socialista. En estas condiciones, la política exterior del Estado Socialista debe basarse en la clara comprensión de las conexiones reales, esenciales, ocultas, de la política de los Estados burgueses; en la diferencia existente entre la apariencia y la esencia de esta política.

De claro ejemplo del análisis marxista puede servir la parte del informe del camarada Stalin ante el XVIII Congreso del PC(b) de la URSS, dedicado a la «política de no intervención» de Inglaterra y Francia hasta la segunda guerra imperialista mundial. El camarada Stalin hace notar la diferencia entre la apariencia de esta política, aspecto «*formal*», y su «*contenido real*», su esencia.

Formalmente, se podría caracterizar la política de no intervención del siguiente modo: «Que cada país se defienda de los agresores como quiera y pueda, a nosotros no nos importa, nosotros vamos a comerciar, tanto con los agresores como con sus víctimas». Mas, en realidad, la política de no intervención significa favorecer la agresión, el desencadenamiento de la guerra; por lo tanto, convertirla en una guerra mundial[112].

Todos los acontecimientos posteriores han confirmado este formidable análisis de uno de los problemas más complejos de la política internacional. Bajo el velo exterior de una inofensiva "no intervención" se encubría una finalidad definida: lanzar a los diversos países uno contra otro para imponer después sus condiciones a los países debilitados y, en primer lugar, dirigir la agresión contra la URSS. El camarada Stalin descubrió a tiempo las cartas de los imperialistas y orientó firmemente la política exterior de la URSS por el camino de asegurar al pueblo soviético las condiciones para un mayor crecimiento del poderío y capacidad de defensa del Estado socialista. Tal es el significado teórico y práctico de las categorías dialécticas de esencia y fenómeno.

3

Si las categorías de esencia y fenómeno sirven de medio para expresar las conexiones internas, esenciales, de la realidad y de la variedad múltiple de su manifestación externa, las categorías de **Contenido y Forma** reflejan otros nuevos aspectos de la realidad: son grados de la ulterior profundización y precisión de nuestro conocimiento de la realidad objetiva. ¿Cuáles son estos aspectos de la realidad reflejados por las categorías de contenido y forma?

El siguiente ejemplo nos ayudará a comprender claramente este problema. El movimiento de la materia es la esencia de todos los fenómenos y procesos de la naturaleza. La materia es la

---

112 Stalin, I.; *Cuestiones del leninismo*, op. cit., p. 560.

realidad objetiva, el fundamento, que se manifiesta en toda la múltiple variedad de la naturaleza. La noción de materia como *esencia* de los fenómenos todavía no expresa así ninguna otra cosa. La categoría de esencia sólo nos ayuda a hallar lo decisivo, lo principal, en todos los objetos. Pero no llega a darnos aún la noción de una esencia *definida* del objeto en cuestión. La esencia, tanto de la piedra, del agua, de los vegetales, de los animales, como del hombre, es la materia. Pero en la naturaleza real, efectiva, la materia sólo existe como materia *concreta*. Por consiguiente, en relación con cada objeto o con toda una serie de cosas la esencia se concreta, *se hace definida*. No es suficiente decir que la esencia de la vida es la materia, el movimiento material. La profundización de nuestro conocimiento de la vida se expresa en la concreción de esta definición, en que investigamos la vida como una forma particular, biológica, del movimiento material, cuyo fundamento no es una esencia material en general, sino una esencia material definida: el cuerpo albuminoideo y los procesos que en él se producen.

Pues bien, este paso del conocimiento de la esencia al conocimiento de la *esencia definida, concreta,* se expresa precisamente en las categorías de contenido y forma. El contenido es la esencia misma, es lo esencial en las cosas, pero lo esencial de una manera definida. La forma hace a las cosas susceptibles de ser definidas, lo que hace que sean como son y no distintas, lo que diferencia un objeto del otro. Por eso, en cada cosa, en cada fenómeno, hay dos aspectos: el contenido y la forma. No hay cosas informes como no hay cosas sin contenido. Cualquier cosa, cualquier proceso, es la unidad de contenido y forma.

Desde tiempos inmemoriales los hombres trabajan para subsistir. El trabajo del hombre es una relación definida entre el hombre y la naturaleza. El hombre se diferencia del animal en que produce los útiles de trabajo, las herramientas de producción, y los emplea para obtener los medios de existencia que necesita. Los instrumentos de trabajo y la capacidad productiva del hombre son elementos sin los cuales no puede existir el trabajo, en conjunto representan las fuerzas productivas de la sociedad.

Las fuerzas productivas y su evolución constituyen el *contenido* de la vida social en toda sociedad. Pero la existencia de este mismo contenido está íntima, indisolublemente relacionada con el otro aspecto de la producción social. Los elementos de las fuerzas productivas –los instrumentos de trabajo y los hombres que los ponen en acción– por sí mismos, aislados unos de otros, no pueden existir. Debe haber entre ellos una determinada conexión, una relación recíproca; en el proceso de la producción, los hombres se hallan en determinadas relaciones entre sí. En el *Compendio de Historia del PC(b) de la URSS* se dice que estas relaciones pueden ser de colaboración y de ayuda mutua, como pueden ser relaciones de explotación de una parte de los hombres por otra; pero son un elemento tan necesario de la producción como las fuerzas productivas. Estas relaciones se llaman de producción, y a diferencia de las fuerzas productivas, componen la *forma* de la producción social.

Por medio de este ejemplo se puede definir con mayor profundidad y exactitud lo que son contenido y forma en general, y seguir las conexiones y relaciones más importantes que existen entre ellos.

Las fuerzas productivas son la base de la sociedad, son las que integran la producción, la constituyen. Sin ellas, en general, no podría haber forma alguna de producción. Tal es el valor del contenido en cualquier fenómeno. Sin la materia no hubiera existido la naturaleza. La materia son los ladrillos que componen el edificio de la naturaleza. Por consiguiente, el contenido es, en general, el material de que se forma y con el que se desarrolla cualquier fenómeno.

La forma de la producción social son las relaciones de producción. Estas organizan, vinculan de una manera determinada los elementos de las fuerzas productivas, establecen un determinado tipo social de organización de las fuerzas productivas. Sin esta organización social las fuerzas productivas no pueden convertirse en una fuerza actuante. Este es el significado de la forma en cualquier proceso y objeto. La forma de la estructura interna, la organización interna del propio contenido.

De esta definición de contenido y forma se desprende también el carácter de sus relaciones recíprocas. Si el contenido compone la base de la forma, por consiguiente, no puede haber forma sin contenido. Si la forma es la estructura interna, la organización interna del contenido, por tanto, no puede haber contenido sin forma. De este modo, forma y contenido en cualquier cosa o proceso se hallan en un estado de conexión íntima, indisoluble, de penetración recíproca.

Esta relación mutua del contenido y de la forma fue muy bien ilustrada por Lenin sobre el fondo de un importante problema político. Como se sabe, en el II Congreso del Partido Social Demócrata Obrero Ruso se encendió una ardiente disputa sobre el problema del primer punto de los Estatutos, que establecía las condiciones para ser miembro del POSDR. Era una disputa en torno a la forma de organización del Partido: ¿qué debe ser el Partido, un destacamento organizado, combativo, de vanguardia de la clase obrera, como lo exigían Lenin y los leninistas, o una organización informe, superficial, anárquica, como querían los mencheviques? Después del II Congreso, los mencheviques desencadenaron una feroz campaña contra el leninismo, criticando los principios organizativos leninistas para la construcción de un partido revolucionario de los obreros. Acusaban a Lenin de que su principio de centralismo significaba establecer el «régimen de servidumbre» dentro del Partido, que la exigencia de una disciplina férrea dentro del Partido, la subordinación de la minoría a la mayoría, no hacía más que «burocratizar» al Partido, etc.

En su libro *Un paso adelante, dos pasos atrás*, Lenin sometió a los mencheviques a una implacable crítica. Los mencheviques trataban de encubrir su oportunismo en los problemas de organización bajo un «filosofismo» sagaz, sobre todo invocando el argumento de que, más importante que su forma, era el contenido del trabajo revolucionario del Partido: «en todos los escritos de la nueva *Iskra* preside la profunda "idea" de que el contenido es más importante que la forma, de que el programa y la táctica son más importantes que la organización»[113].

---

113 Lenin, V. I., (1982), «Un paso adelante, dos pasos atrás», en *Obras Completas*, vol. VIII, Editorial Progreso, p. 396.

Contra la afirmación de los leninistas de que la orientación combativa revolucionaria del partido socialdemócrata debe realizarse no sólo por la lucha ideológica, sino también por las formas definidas, revolucionarias, de la organización de Partido, la nueva *Iskra* menchevique declaraba que «las formas sólo son formas», que no se trataba de ellas, sino del contenido de la lucha.

Lenin puso al desnudo esta «filosofía» del menchevismo, descubrió su fondo político. Señaló que la forma no es una simple cubierta exterior, sino que corresponde al contenido, le da un sentido definido, una dirección. Al luchar contra las formas bolcheviques de organización, contra un partido de la clase obrera centralizado, disciplinado, combativo, revolucionario; al defender una forma de organización en la que el Partido sería sólo la suma mecánica de sus miembros desorganizados, de tendencias anarquizantes; los mencheviques luchaban en realidad contra el *contenido revolucionario* del trabajo del partido y defendían la orientación oportunista, reformista de su actividad. El centralismo, la disciplina férrea, la subordinación de la minoría a la mayoría, el estricto carácter conspirativo, todas eran formas que organizaban y aseguraban el contenido revolucionario, combativo. Sin su adopción no se hubiera podido dar ni un solo paso en el desarrollo del contenido de la actividad revolucionaria del Partido Bolchevique. Lenin escribía en esa época que la forma del trabajo del Partido era imperfecta, además,

> hasta un punto inadmisible; está atrasada hasta el punto de que salta a la vista y saca los colores de vergüenza a todo el que tome a pecho los asuntos de su Partido [...] El estado rudimentario y efímero de la forma no permite seguir haciendo progresos serios en el desarrollo del contenido, provoca un estancamiento vergonzoso, lleva a malgastar las fuerzas y hace que los actos no correspondan a las palabras[114].

Pero, por otra parte, Lenin indicaba que la propia forma depende del contenido. Durante el período de dispersión y de círculos, cuando éstos actuaban diseminados y aislados, carecían de un programa único, de una táctica única, es decir, de un con-

---

114 Ibid., p. 401.

tenido único de trabajo, y ni siquiera se podía hablar de la forma de organización por la que lucharon los bolcheviques en el II Congreso y después de él.

> Mientras carecíamos de unidad en las cuestiones fundamentales del programa y de la táctica decíamos sin rodeos que vivíamos en una época de dispersión y de círculos, declarábamos francamente que antes de unificarnos teníamos que deslindar los campos; ni hablábamos siquiera de formas de organización conjunta, tratábamos exclusivamente de las nuevas cuestiones (entonces realmente nuevas) de la lucha contra el oportunismo en materia de programa y de táctica. Ahora, esta lucha, según lo confesamos todos, ha asegurado ya suficiente unidad, formulada en el programa y en las resoluciones del Partido sobre táctica; ahora teníamos que dar el paso siguiente y, de común acuerdo, lo hemos dado: hemos elaborado *las formas* de una organización única que aglutina a todos los círculos[115].

Tal es la relación recíproca real entre el contenido y la forma de los objetos. Con esto, sin embargo, no queda agotado todavía el problema de los vínculos entre contenido y forma. Los ejemplos citados no hacen más que mostrar la estrecha acción recíproca que existe entre ellos, pero en esta acción recíproca hay un fundamento, un elemento decisivo que define esta acción recíproca. Este elemento decisivo es el contenido.

De los ejemplos citados se puede concluir ya que el contenido es lo decisivo en los objetos. Puesto que el contenido es el material de que está construido el objeto, de ello se desprende la dependencia de la forma respecto del contenido. La materia del objeto define el carácter de la forma, su naturaleza.

Un determinado nivel de las fuerzas productivas engendra determinadas relaciones de producción, esto es, la forma de la producción, social. En la época primitiva, las herramientas de piedra dieron vida a la forma del régimen del comunismo primitivo de la sociedad. La aparición de las herramientas de metal trajo como consecuencia el nacimiento del primer régimen basado en la explotación del hombre por el hombre. El capitalismo está ligado al nacimiento de la gran industria mecánica. El

---

115 Ibid., pp. 397-98.

comunismo, como forma superior de organización social, sólo es posible con un alto grado de desarrollo de las fuerzas productivas materiales.

Lo mismo vemos en la naturaleza. Las formas múltiples y variadas del movimiento de la materia, no son injertadas de una manera externa a la materia por alguna fuerza sobrenatural, milagrosa, sino engendradas por el desarrollo de la propia materia. En la historia de la ciencia hubo no pocos filósofos y sabios, que suponían que la forma, a diferencia de la materia, era algo inmaterial, distinta de la materia, y sólo a semejante forma espiritual atribuían un papel activo. Pero la ciencia refutó después estas ideas y estableció que la variedad múltiple de la naturaleza es la variedad múltiple de formas de la propia materia.

La dependencia de la forma respecto del contenido, y el carácter decisivo de este, se revelan con particular claridad en instantes en que la forma se aparta del contenido, en los momentos de su discordancia. En realidad, la forma de un objeto, aunque determinada por su contenido, tiene, sin embargo, una cierta y relativa independencia. Cuando esta independencia relativa se convierte por cualquier causa en una independencia absoluta, la forma puede adquirir una autosuficiencia ilimitada y cumplir funciones completamente distintas de las que le corresponden según la naturaleza de su contenido, es decir, la forma puede llenarse de un contenido que le es extraño. Este importante aspecto de la dialéctica de contenido y forma fue dilucidado por el camarada Stalin en su famoso discurso «Sobre el trabajo en el campo». Al señalar la enorme importancia de la forma, al mismo tiempo prevenía contra su sobreestimación: la forma desempeña un gran papel, pero todo depende del contenido que la llene.

El camarada Stalin trató en su discurso de los koljoses como organización socialista de la economía rural. Los koljoses como forma socialista, dijo, constituyen la mayor conquista de la revolución. Sólo en esta forma puede desarrollarse también el socialismo en el campo. Idéntico papel desempeñan los Soviets como forma socialista de organización política: «Pero los koljoses y los Soviets no son más que una forma de organización, ciertamente socialista, pero, a fin de cuentas, una forma de organización. Todo depende del contenido que se dé a esta forma»[116].

El camarada Stalin hizo recordar que, a principios de 1917, dirigidos por los mencheviques y los social-revolucionarios, los Soviets encubrían el contenido contrarrevolucionario de esos partidos. Durante la sublevación de Kronstadt, los jefes de la burguesía lanzaron la consigna: «Soviets sin comunistas». También los koljoses, si no son dirigidos, pueden ser utilizados por elementos antisoviéticos como una organización de masas ya hecha.

> «Koljoses sin comunistas»: he aquí la consigna que se está gestando ahora en los medios de los elementos antisoviéticos. Por consiguiente, la cuestión no radica únicamente en los koljoses mismos, como forma socialista de organización, sino, ante todo, en el contenido que se da a esta forma: la cuestión radica, ante todo, en *quién* se encuentra a la cabeza de los koljoses y *quién* los dirige[117].

La dependencia de la forma respecto del contenido y el valor decisivo de este último se pueden ilustrar también con el ejemplo del arte. El arte es una de las formas de la conciencia social. La diferencia entre el arte y la ciencia consiste en que aquél reproduce la realidad en forma de imágenes artísticas. La forma tiene una enorme importancia en el arte. Sin forma artística no hay arte. El idioma, el estilo, la composición, el argumento, la rima poética, etc., tales son los elementos que componen la forma de una obra artística. El auténtico arte se distingue porque la forma de la obra corresponde al contenido en ella representado. El artista refleja la realidad, describe los sucesos más importantes para el hombre, mediante los elementos de la forma artística. Los héroes de la obra nos hacen compartir su suerte, luchamos, sufrimos, nos alegramos con ellos.

Pero si la forma artística tiene tal importancia, es en proporción directa a sus vínculos con el contenido, con la riqueza del

---

116 Ibid., p. 403.
117 Ibid., p. 404.

contenido expresada por ella. La conversión de la forma artística en una especie de autosuficiencia, independiente del contenido, conduce al formalismo en el arte. El predominio de la forma en este caso, desplaza el contenido, el tema, a último plano. Es extraordinariamente interesante comparar en este aspecto el arte clásico y representantes suyos, como Pushkin, Tolstoi, Balzac, Rafael, Leonardo da Vinci y otros, con el arte de la burguesía del período de su putrefacción, el arte formalista decadente. Si las obras de los clásicos se caracterizan por sus temas de un gran valor para la humanidad, temas de lucha social, sobre la suerte de la sociedad y del hombre individual en esta o aquella época, lo característico de las obras de los formalistas es la pobreza de contenido, la tendencia a temas de carácter personal, sin significación social. Los grandes artistas subordinan la forma a la idea; la forma es para ellos el medio de expresar un contenido notable. Para los formalistas, la forma es autónoma, el contenido queda subordinado a la forma. La corriente del impresionismo en pintura, por ejemplo, ve su objetivo principal en reflejar de la mejor manera posible, los efectos de la luz, el color, la correlación entre la luz y la sombra, sin preocuparse de lo principal –el contenido de lo reflejado–. Plejanov comparaba muy acertadamente dos cuadros: uno del famoso representante del arte ruso, Perov, y otro de un impresionista. Ambos cuadros representan un entierro lugareño. En el cuadro de Perov hay todo un drama. El que mira este cuadro ve inmediatamente lo principal: la desesperación, la profunda amargura humana que embarga a la mujer e hijos que sepultan a su único sostén, el marido y padre. Este cuadro describe con elocuencia mayor que muchos tratados científicos la vida de los campesinos en la Rusia feudal.

Y he aquí el cuadro del impresionista. Plejánov lo describe de esta manera:

> Un entierro lugareño. Todo un drama. Pero, ¿dónde está aquí? No lo hay. El autor enfoca el aspecto pintoresco. La procesión es efectivamente pintoresca. Pero a eso únicamente se limita. Los rostros humanos interesaban al autor, al parecer, sólo desde el punto de

vista del *effet de lumiére* [efecto de luz —M.R.], todos los participantes en la procesión guiñan los ojos: el efecto de la luz reflejada por la nieve[118].

Es evidente que el arte en el que la forma se hace autónoma deja de ser un arte auténtico, degenera en un profesionalismo indiferente, en un absurdo juego de rimas, sonidos, en algo pretencioso. El fundamento de un arte auténtico es que la forma y el contenido se correspondan. Así pues, el método dialéctico no sólo establece la conexión y la acción recíproca entre forma y contenido, sino también el valor decisivo, determinante, del contenido.

El hecho de que el contenido determine la forma y que la forma exprese un determinado contenido, demuestra que la correspondencia sólo puede existir entre un contenido y una forma definidos. No toda forma puede ser la de un contenido determinado, así como no cualquier contenido puede ser la base de una forma determinada. Y puesto que en la naturaleza no hay cosas inmutables, que el contenido de los fenómenos cambia constantemente, el contenido de las cosas en desarrollo ha de entrar, por consiguiente, en contradicción con la vieja forma.

Esta contradicción es la fuente más importante del desarrollo, del progreso en la naturaleza y en la sociedad. Es importante comprender el carácter de esta contradicción. La contradicción no existe entre el contenido y la forma en general, sino entre un *nuevo* contenido y la *vieja* forma. Un objeto cualquiera representa la unidad de contenido y forma, pero en el proceso de desarrollo, el contenido cambia, adquiere nuevos elementos y se convierte finalmente en un nuevo contenido. En cambio, la forma del objeto continúa siendo la anterior, la vieja. En determinados momentos la forma facilita el desarrollo del contenido, desempeña un papel activo, influye positivamente sobre el de-

---

118 Iudin, P. F.; Udaltsov, I. D. y Plejanova, R. M. (eds.), (1936), *Herencia literaria de G. Plejanov*, colección 3, p. 266. [En ruso]. [TR: La fuente original es *Литературное наследие Г.В. Плеханова*, puede consultarse en el sitio web de *Archive*. La obra comentada por Plejanov es *Funerale in campagna*, del pintor polaco Fryderick Pautsch, exhibida en la VIII Exposición de Arte de la ciudad de Venecia, en mayo de 1909.]

sarrollo del contenido. Pero cuando el contenido ha cambiado considerable o radicalmente, entonces queda rota la consonancia que existía antes entre el contenido y su forma. De elemento favorable, la forma se cambia entonces en obstáculo para el ulterior desarrollo del contenido. Surge el conflicto, la contradicción entre ellos. Y esta contradicción no puede «encalmarse» hasta que la forma no sea cambiada, hasta que no entre en consonancia con el nuevo contenido.

Esto demuestra una vez más la dependencia de la forma de los objetos para con su contenido. La forma queda atrasada en relación al contenido, ya que la propia necesidad de una nueva forma sólo nace cuando el contenido, que había cambiado o está cambiando, señala la necesidad del cambio de la forma. El arte de un político revolucionario consiste, precisamente, en ver a tiempo cómo madura la necesidad de cambiar las formas de lucha, y no en esperar a que el curso espontáneo de los acontecimientos haga tropezar empíricamente con esta necesidad.

La forma nueva que expresa debidamente el nuevo contenido vuelve a crear la posibilidad del desarrollo de este, constituye la organización interna del contenido en desarrollo; el que sigue efectuándose hasta tanto no surja nuevamente un conflicto entre contenido y forma, etc. Lenin y Stalin definen de esta manera la dialéctica de contenido y forma: «la lucha del contenido con la forma, y a la inversa. El rechazo de la forma, la transformación del contenido»[119]. Contenido y forma son una unidad. Pero esto, dice el camarada Stalin:

> Esto no se halla de ningún modo en contradicción con la idea de que existe conflicto entre la forma y el contenido. Se trata de que existe conflicto, no entre el contenido y la forma, en general, sino entre la vieja forma y el nuevo contenido, que busca una forma nueva y tiende hacia ella[120].

Se pueden citar muchísimos ejemplos para confirmar estas conclusiones. El capitalismo contemporáneo ofrece uno muy

---

119 Lenin, V. I., «Cuadernos filosóficos», op. cit., p. 200.

120 Stalin, I., (1953), «¿Anarquismo o socialismo?», en *Obras Completas,* vol. 1, Ediciones en Lenguas Extranjeras, p. 825.

claro del agudo conflicto que existe entre las fuerzas productivas y las relaciones de producción. Si antes, en las primeras décadas de la existencia del capitalismo, las relaciones capitalistas de producción eran la forma que favorecía activamente el desarrollo de las fuerzas productivas de la sociedad, ya hace mucho que esa forma entró en contradicción con las fuerzas productivas desarrolladas. Entre el carácter social de la producción y la forma capitalista privada de la apropiación existe un antagonismo tan profundo que sólo la revolución proletaria es capaz de destruir la forma anticuada, y que se ha hecho reaccionaria, de las relaciones capitalistas de producción. La revolución socialista en la URSS destruyó este antagonismo instaurando un nuevo régimen social.

Tales son, brevemente expuestas, las conclusiones fundamentales que se desprenden del análisis de las categorías de contenido y forma. La comprensión de la dialéctica de forma y contenido en los fenómenos y procesos, tener en cuenta sus vínculos, su acción recíproca, su unidad y contradicción, tiene una enorme importancia en la actividad política práctica del Partido del proletariado, para la lucha práctica por la reconstrucción de la sociedad.

En primer plano se plantea aquí la capacidad de la clase y del partido para cambiar la forma de acción cuando lo impone el cambio en el contenido de la lucha y las nuevas condiciones. La insistencia en las viejas formas, todo apego a las anticuadas, cuando la situación las exige poderosamente nuevas, ha servido y sirve siempre de fuente de estancamiento y conservadurismo.

En *La enfermedad infantil del «izquierdismo» en el comunismo*, Lenin cita como ejemplo a los jefes de la Segunda Internacional, Kautsky, Otto Bauer y otros, cuya desgracia fundamental consistía en que no supieron ni quisieron ver el nacimiento de un nuevo contenido y de nuevas formas de lucha de la clase obrera contra el capitalismo en las nuevas condiciones de la guerra imperialista y las revoluciones proletarias.

Las formas y los métodos de lucha nacidos en las condiciones del desarrollo relativamente pacífico del capitalismo –fracciones parlamentarias socialistas, huelgas económicas de obreros y otras formas legales de lucha, convertidas en absolutas por los jefes de la Segunda Internacional, que las preconizaban como las únicas y cabales– resultaron manifiestamente insuficientes y no primordiales en las nuevas condiciones. Llegó el período de los choques revolucionarios agudos, de las insurrecciones armadas del proletariado contra el capitalismo. Hubo necesidad de preparar a la clase obrera y a su partido para la toma del Poder, para la instauración de la dictadura del proletariado. Pero la Segunda Internacional y sus jefes se habían empantanado tanto en el fango de la política burguesa que ni pensaron siquiera en la necesidad de cambiar las formas de lucha. Y así sufrieron una tremenda bancarrota. Estos, escribía Lenin,

> se han mostrado en la práctica *tan apartados* de la dialéctica, tan incapaces de tomar en consideración los vertiginosos cambios de forma y la rapidez con que las viejas formas se llenan de un nuevo contenido, que su suerte no es mucho más envidiable que la de Hyndman, Guesde y Plejánov. La causa fundamental de su bancarrota consiste en que «han fijado la mirada» en una forma determinada de ascenso del movimiento obrero y del socialismo, olvidando el carácter unilateral de esa forma; en que les ha dado miedo ver la brusca ruptura, inevitable por las condiciones objetivas, y han seguido repitiendo las verdades simples, aprendidas de memoria y a primera vista indiscutibles: tres son más que dos. Pero la política se parece más al álgebra que a la aritmética, y todavía más a las matemáticas superiores que a las matemáticas elementales. En realidad, todas las formas antiguas del movimiento socialista se han llenado de un nuevo contenido, por lo cual ha aparecido delante de las cifras un signo nuevo, el signo «menos». Pero nuestros sabios seguían (y siguen) tratando con tozudez de convencerse a sí mismos y convencer a los demás de que «menos tres» es más que «menos dos»[121].

Lo que no pudieron ni quisieron hacer los partidos oportunistas de la Segunda Internacional, lo hizo el Partido Bolchevique con Lenin y Stalin a la cabeza. Lenin dijo de la revolución rusa que se desarrollaba en amplitud y profundidad «con una riqueza

---

121 Lenin, V. I., (s. f.), «La enfermedad infantil del "izquierdismo" en el comunismo», en *Obras Completas*, vol. XLI, p. 91.

espléndida de formas mutables». Claro es que realizar con éxito esta revolución no era posible más que teniendo presente esta riqueza de formas, comprendiendo la necesidad de los cambios de formas de lucha. La fuerza revolucionaria de la dialéctica marxista-leninista radica también en que enseña esta comprensión, en que sirve de guía para la acción revolucionaria.

Ni una sola clase, ni un solo partido político tuvo jamás necesidad de recurrir a tal variedad múltiple de formas de lucha de clase como la clase obrera y el Partido Bolchevique de la URSS. Y el secreto de los éxitos más grandes alcanzados por ellos en la lucha por el socialismo, entre otros factores, hay que buscarlo en aquella flexibilidad sorprendente para la selección de los medios y las formas de lucha, tan peculiar del Partido Bolchevique.

Hemos citado los conceptos de Lenin respecto a las formas de organización del partido revolucionario. A lo largo de toda su historia y en relación con las circunstancias cambiantes, el Partido desarrolló y perfeccionó aquellas formas, y cada vez que introducía alguna modificación en su Estatuto lo hacía para favorecer el desarrollo del contenido de su actividad práctica. En el XVIII Congreso del PC(b) de la URSS el Partido volvió a colocar en el orden del día el problema de la modificación de sus Estatutos. En su resolución sobre las modificaciones de los Estatutos del PC(b) de la URSS el Congreso tomó como base los enormes cambios ocurridos en la URSS. Había cambiado la composición de clase de la URSS. Surgió una nueva clase obrera. Cambió radicalmente la clase de los campesinos. Surgió una nueva clase de intelectuales socialistas. Las condiciones que, conforme a los anteriores Estatutos, regían la admisión en el Partido, no correspondían ya manifiestamente a los cambios que se habían operado en el país. Y el Partido supera esta contradicción, pone las formas de su organización en consonancia con el nuevo contenido, con la nueva situación; establece condiciones nuevas de admisión.

La democratización de toda la vida del país soviético, y la adopción de la nueva Constitución, y el viraje correspondiente en toda la vida política del país, exigían su reflejo en los Estatutos del Partido. El Partido liquidó las infracciones del principio de democratismo interno del Partido, abolió las prácticas de cooptación que contradecían al democratismo, prohibió votar por lista en las elecciones de los órganos del Partido, estableció en la elección de esos órganos la votación secreta, etc.

Los nuevos Estatutos del PC(b) de la URSS aprobados por su XVIII Congreso reflejan los nuevos objetivos, las nuevas necesidades de desarrollo suscitadas por el crecimiento del socialismo. La unidad entre las formas organizativas y el nuevo contenido de la actividad política de Partido, alcanzada gracias a las modificaciones hechas en los Estatutos, se transformó en el estímulo más grande del movimiento ulterior. Estas mismas modificaciones se establecieron bajo la dirección del Partido en las formas de organización de toda la vida política, económica y cultural del país. El Partido se guía por las palabras de Lenin de que cada viraje en el desarrollo conduce inevitablemente a la discordia de la vieja forma con el nuevo contenido.

Como ejemplo extraordinariamente claro de la aplicación práctica de este principio leninista puede servir el famoso discurso del camarada Stalin referente a las seis nuevas condiciones en la dirección de la economía. Este discurso armó a los dirigentes soviéticos de la industria con nuevas formas de lucha para el éxito de la industria socialista, les enseñó a tomar en cuenta los cambios que se operan en el contenido de su trabajo y a combinarlos con la nueva organización. El camarada Stalin señaló en este discurso que se había operado un viraje radical en el problema de proporcionar mano de obra a las empresas, que ya no se podía descansar como bajo el capitalismo en la desocupación, en la «huida del *mujik* del campo a la ciudad» etc., puesto que en la URSS todo esto pertenecía ya a la historia. Por consiguiente, se requerían nuevas formas de provisión de obreros a las empresas. El camarada Stalin señaló en su discurso cuáles eran estas formas nuevas: un reclutamiento organizado de mano de obra mediante contratos con los koljoses y la mecanización del trabajo.

Así vemos cómo el problema teórico-filosófico de contenido y forma, traducido al lenguaje de la práctica y de la política, se reviste de carne y sangre de la realidad viva, de la viva lucha por el socialismo. Y también en esto radica el valor práctico de la dialéctica en la actividad de todo el Partido del proletariado y de cada uno de sus militantes en particular.

4

La esencia de las cosas, de los fenómenos del mundo objetivo, halla su ulterior concreción en las categorías de **Necesidad y Causalidad**.

En la historia de la filosofía y de las ciencias naturales el problema de necesidad y casualidad ha sido uno de los más difíciles de resolver. Los fenómenos de la naturaleza, los sucesos históricos, las actividades de los hombres, ¿son una necesidad o una casualidad? La diversidad de especies de vegetales y animales, la determinada estructura de una flor o de un animal, ¿es casual o necesaria? Este o aquel régimen social, este o aquel orden del Estado, ¿existe en virtud de la casualidad o de la necesidad?

Preguntas así y otras análogas fueron planteadas y resueltas de diversa manera por los filósofos y experimentadores naturalistas. Pero entre las más diversas contestaciones a estas preguntas se pueden distinguir dos tendencias, dos puntos de vista. Algunos pensadores suponían que en la naturaleza y en la sociedad todo se realiza por necesidad y no existe ninguna casualidad. Otros, en cambio, suponían que en el mundo todo es casual, o, reconociendo la existencia de la necesidad y de la casualidad, consideraban no obstante que lo necesario y lo casual existen por separado y que no hay ningún vínculo entre ellos. Cualquier objeto es casual o necesario.

Los materialistas franceses del siglo XVIII pueden ser considerados como representantes típicos del primer punto de vista. Por ejemplo, un representante del materialismo francés como Holbach, afirmaba que casualidad es una palabra carente de todo sentido. Ni en la naturaleza ni en la sociedad hay casualidades. El hombre califica de casual aquello cuyas causas ignora. En cambio, reconoce como necesario aquel fenómeno cuya causa logró descubrir. Pero en la realidad, dice

Holbach, no existen fenómenos no causales. Todo tiene su causa, de aquí deduce su tesis sobre la ausencia de la casualidad. Holbach llamaba fatalismo a su punto de vista, con lo que significaba que todo existe en virtud de la necesidad, gracias al curso inexorable de los sucesos trazado de antemano por el movimiento de la materia. «La fatalidad es el orden eterno, inmutable, necesario, establecido en la naturaleza, o el enlace indispensable de las causas que actúan con los efectos que producen»[122]. Engels comentó muy ingeniosamente esta posición acerca de la naturaleza.

> Según esta concepción, en la naturaleza reina sencillamente la necesidad directa. Si esta vaina de guisante tiene precisamente cinco granos, y no cuatro o seis; si la cola de este perro mide cinco pulgadas de largo, ni una línea más o menos; si esta flor de trébol ha sido fecundada en el año actual por una abeja, y aquella otra no, y lo ha sido, además, por una determinada abeja y en un momento determinado; si esta simiente ya ajada de diente de león ha germinado y la otra no; si anoche me ha picado una pulga a las cuatro de la mañana, y no a las tres ni a las cinco, y me ha picado, concretamente, en el hombro derecho, y no en la pantorrilla izquierda: son todos hechos producidos por un encadenamiento inexorable de causa a efecto, por una inconmovible necesidad, de tal modo que ya la bola de gas de la que nació el sistema solar estaba dispuesta de manera que estos hechos tuvieran que producirse precisamente así, y no de otro modo[123].

Y en efecto: los razonamientos de un pensador tan grande como Holbach, dada su incomprensión de la verdadera correlación existente entre necesidad y casualidad, nos traen a la memoria los razonamientos de los partidarios del fatalismo, ridiculizados por Engels.

Idénticas son, por ejemplo, las disertaciones de Holbach acerca de la historia humana. Como materialista mecanicista Holbach buscaba la causa de todas las actitudes de los hombres en la constitución física del organismo humano. Y por eso veía

---

122 Holbach, Barón d', *Sistema de la naturaleza*, op. cit., p. 220.

123 Engels, F., *Dialéctica de la naturaleza*, op. cit., p. 185.

también en la originalidad de la organización física de esta o aquella personalidad ilustre la causa de las más grandes revoluciones sociales. Se pregunta Holbach: «¿Cuáles son las materias de cuya combinación resulta un voluptuoso, un bribón, un ambicioso, un entusiasta, un hombre elocuente, en una palabra, un personaje capaz de infundir respeto a sus semejantes y hacerles concurrir a sus fines?». A lo cual responde:

> Son las partículas imperceptibles de su sangre, el tejido de sus fibras, sales más o menos ácidas que excitan sus nervios, la mayor o menor cantidad de materia ígnea que circula en sus venas. ¿De dónde provienen estos elementos? Es del seno de su madre, de los alimentos de los que se ha nutrido, del clima que lo ha visto nacer, de las ideas que ha recibido, del aire que ha respirado, sin contar mil causas inapreciables y pasajeras que en ciertos instantes han modificado y determinado las pasiones de este importante personaje que ha llegado a ser capaz de cambiar la faz de nuestro globo terráqueo[124].

Así pues, desde este punto de vista, todo es necesario. Y el hecho de que la historia de la humanidad, en este u otro período, haya tomado tal giro y no otro, y de que en esta vaina haya cinco guisantes y no seis, y de que la partícula material en cuestión se mueva de esta manera y no de otra, en todo ello se manifiesta una sola necesidad férrea, irrevocable.

Los que consideran la historia de la sociedad como un conglomerado de casualidades abordan el problema de otra manera. El hecho de que, en una época determinada, la historia haya tenido una orientación, y en época distinta otra radicalmente opuesta, es una pura casualidad desde su punto de vista.

En el capítulo en que analizamos el primer rasgo de la dialéctica, citamos ya lo dicho por P. Lavrov sobre el proceso histórico. Los puntos de vista, de este teórico del populismo están ligados de la manera más íntima con la aprobación del principio de la vigencia de la casualidad en la historia. Si la historia no es más que una cadena de experimentos realizados por los jefes políticos y por los caudillos militares, claro es que el curso de la

---

124 Holbach, Barón d', *Sistema de la naturaleza*, op. cit., p. 251.

historia sólo depende de la pura casualidad: de la inteligencia y del talento personales de los experimentadores.

En general, según Lavrov, es la personalidad la que toca el primer violín en la historia. Al principio aparecen una o varias personalidades notables que inventan una teoría útil y justa. Esta es transmitida después a otras personalidades, hasta que se convierte en el patrimonio de muchas.

> Así, se acrecienta la fuerza social, pasando al principio de la personalidad solitaria y débil, a la simpatía de otras personalidades, y después a su colaboración no armónica, hasta que se organiza el Partido que dota a la lucha de una orientación y de una unidad. Claro está que entonces este partido tropieza con otros partidos y el problema del triunfo se convierte en un problema de número y de medida. ¿Dónde hay más fuerzas? ¿Dónde hay personalidades más inteligentes, que comprenden mejor, más enérgicas, más hábiles? ¿Qué Partido está mejor organizado?[125]

De modo que todo radica en cuál es el partido que agrupa más fuerzas, más personalidades inteligentes y hábiles. Pero, ¿por qué un partido logra agrupar y organizar la lucha de estas personalidades y el otro no? A este, como a otros problemas iguales, los teóricos tipo Lavrov no pueden dar respuesta. Muchas veces, la tabla de salvación, en tales casos, la buscan diciendo que este factor es la teoría que responde a los principios de la justicia eterna y a los de la razón humana.

De tal manera, y desde este punto de vista, la historia tiene el carácter de sucesos y acontecimientos puramente casuales. El hecho de que haya aparecido una personalidad notable que supo elaborar la verdadera «fórmula del progreso histórico», de que esta personalidad haya logrado unir en torno suyo a otros hombres, y haya tenido la suerte de organizar mejor a su partido, en todo ello actúa tan sólo una simple casualidad.

Ninguna de estas posiciones –tanto el reconocimiento fatalista de la necesidad, como la afirmación de la sola casualidad– corresponden a la realidad objetiva. Cada una de estas teorías sólo

---

125 Lavrov, P., (1934), *Obras*, vol. II, op. cit., p. 261. [En ruso].

conduce a contradicciones insolubles, y son impotentes para contestar las preguntas que ante ellas se formulan.

En efecto, si todo en el mundo es necesario, puesto que todo es causalmente condicionado, ¿cuál es el criterio para poder distinguir lo esencial de lo no esencial, los sucesos históricos importantes de las bagatelas?

En el mundo, todo tiene su causa. Pero el problema es que distintas causas tienen efectos diversos por su importancia. Únicamente la debilidad de Luis XVI, fenómeno aislado, no hubiera tenido mayores efectos, ni habría conducido a la revolución social de 1789. Por consiguiente, existían ciertas causas sustanciales para el cambio revolucionario. Confundir estas causas diferentes no puede ofrecer más que errores.

Los representantes del fatalismo se desembarazan de la casualidad tan sólo de palabra. Por el hecho de que yo declare la casualidad como inexistente, no dejará de existir en la vida objetiva. Por más que se trate de transformar hechos tales como la voluptuosidad de Luis XIV o la ambición de Napoleón, en una necesidad histórica, esos hechos no dejarán de ser casuales para la historia humana. Por ejemplo, el mismo Holbach escribía que «Un régimen, un vaso de agua, una sangría hubiera algunas veces bastado para salvar reinos»[126].

Al incluir estos hechos entre los históricamente necesarios, los representantes del fatalismo hacen descender la necesidad efectiva, objetiva, al nivel de una casualidad. Si, por ejemplo, decimos que las causas económicas que actuaban en Francia en vísperas de 1789 y las cualidades personales del entonces rey gobernante, son fenómenos de la misma significación, reducimos así los fenómenos objetivamente de primer orden a los de segundo orden, los necesarios los reducimos a fenómenos casuales.

La reducción de la necesidad a casualidad, la afirmación del principio de casualidad como principio prevaleciente en la naturaleza, aparece de este modo como el reverso, de la teoría que sólo reconoce la necesidad. A idénticos resultados conduce el punto de vista de la historia como un proceso casual.

---

126 Holbach, Barón d', *Sistema de la naturaleza*, op. cit., p. 251.

Los representantes de esta tendencia caen también en la situación de hombres que no saben diferenciar lo sustancial de lo no sustancial. Si todo es casual, los sucesos más importantes y los menos importantes aparecen otra vez en el mismo plano. Y este punto de vista se convierte inevitablemente en su contrario, esto es, presenta todo lo casual como necesario. Si la casualidad es el fundamento del desarrollo histórico, sólo resta considerar toda casualidad como una necesidad.

Y ¿cómo resuelve la dialéctica marxista el problema de la casualidad y la necesidad? La dialéctica marxista niega las teorías metafísicas que separan la casualidad de la necesidad y examina cada una por separado, aisladamente. Para la dialéctica materialista, casualidad y necesidad son una unidad de tendencias contrapuestas que se penetran mutuamente, que se truecan una en otra, de modo que no puede haber casualidad sin necesidad, y viceversa, necesidad sin casualidad. ¿Qué es necesidad? ¿Qué es casualidad? Una formidable definición de necesidad nos la ofrece Hegel. Necesidad, decía, «es la referencia de lados que están de tal modo encadenados recíprocamente, según su esencia, que están puestos uno inmediatamente con el otro»[127].

En otras palabras, necesarios son los fenómenos y sucesos que no pueden dejar de tener lugar, que se desprenden inevitablemente de la propia esencia de las cosas. Su nacimiento es condicionado por la concatenación objetiva de los aspectos, de las condiciones de la realidad. De las semillas brotan los vegetales. El nacimiento de los vegetales no se efectúa casualmente, sino necesariamente, en virtud de las peculiaridades esenciales de las mismas semillas, en virtud de las condiciones climáticas favorables, etc.

La producción capitalista crea las condiciones materiales para el nacimiento de la sociedad socialista. Estas condiciones nacen dentro de los marcos del capitalismo con una necesidad natural, de la misma manera que de la semilla de una planta de flor en condiciones favorables obtenemos la flor.

---

127 Hegel, G. W. F., (2007), *Lecciones sobre estética*, vol. I, Akal, p. 159.

La revolución proletaria es una etapa necesaria, no casual, en la transición del capitalismo al socialismo. Las clases capitalistas no quieren ceder, ni cederán voluntariamente el Poder a la clase obrera. Teniendo presente este aspecto, se comprende que de él se deriva también, necesariamente, el otro: el derrocamiento violento del régimen capitalista. Por eso, la revolución proletaria no es un fenómeno casual, sino un fenómeno históricamente necesario en nuestra época.

Casuales son los fenómenos que pueden o no darse, que en su determinación no se derivan de la propia esencia de los fenómenos. De la semilla brota el vegetal, pero inesperadamente se desencadena una tempestad, acompañada de granizo, que le destruye. Claro está que la muerte del vegetal se efectuó casualmente. Para el destino de este vegetal no estaba predicho, ni mucho menos, que necesariamente había de perecer. La tempestad podía darse o no. La tempestad es para el vegetal, pues, un fenómeno puramente casual.

De la esencia y de las leyes de desarrollo de la Francia de la época de la revolución burguesa no se derivaba que había de ser precisamente Napoleón el caudillo militar y gobernante que estableciera un rígido orden burgués en el país, que se pusiera al frente del ejército francés, etc. En lugar de Napoleón podía haber sido igualmente otro general, y el hecho de que haya sido Napoleón y no otro, en la historia de Francia de aquel entonces fue condicionado por el curso puramente casual de las circunstancias.

Como vemos, en la realidad objetiva existen fenómenos tanto necesarios, como casuales. Toda negación de la necesidad o de la casualidad carece en absoluto de fundamento. Sin embargo, es importante comprender la correlación real que existe entre necesidad y casualidad en la naturaleza y en la sociedad, y cuáles son las formas de conexión entre ellas.

La correlación entre casualidad y necesidad se puede expresar, brevemente, de la siguiente manera: la casualidad, de uno u otro modo, está vinculada con la necesidad, es la forma de manifestación de la necesidad; la necesidad, de uno u otro modo, se abre camino en medio de la multitud de casualidades.

Vamos a explicarlo con ciertos ejemplos. La casualidad está vinculada con la necesidad, sin la segunda tampoco puede existir la primera. Sembramos la semilla en la tierra, cuidamos su crecimiento, y de esta semilla brota necesariamente el vegetal. Pero con igual necesidad, debido a los procesos que se efectúan en la atmósfera, cae sobre la tierra el granizo que mata al vegetal. Tanto un proceso como el otro se realizan necesariamente, y sólo su choque engendra un fenómeno casual, la muerte del vegetal. Por eso dijo Plejánov, muy certeramente, que la casualidad se opera en el punto de intersección de dos sucesos o fenómenos necesarios. Ya se ve con esto que carecen de razón los que examinan la casualidad separada de la necesidad.

Pero la casualidad está vinculada aún con la necesidad en otra forma, de un modo más profundo. Tomemos, por ejemplo, la sociedad capitalista. En ella reina la anarquía, la falta de planificación. Cada miembro de esta sociedad tiene presente sus intereses personales, organiza su vida como puede. Los intereses de los hombres entran en contradicción entre sí, pero los resultados de su acción tienen poco de común con aquello hacia lo que cada uno buscaba. El campesino pobre o medio desea procurarse una agro-explotación grande; los artesanos, los pequeños comerciantes sueñan con salir a flote, con estar en la cumbre de la pirámide social; entre los capitalistas hay una competencia desesperada, a vida o muerte.

Si examinamos cada caso por separado, puede parecer que en la sociedad capitalista sólo prevalece la casualidad, que no hay ninguna necesidad histórica objetiva en el destino de los hombres. Que el campesino Juan haya logrado realizar su sueño y se haya enriquecido, y el campesino Pablo no lo haya logrado, es todo pura casualidad. Y, en efecto, de la esencia del régimen capitalista no se desprende, ni mucho menos, que precisamente Juan había de enriquecerse y Pablo convertirse en proletario. En relación con el desarrollo histórico, el destino y su proceso de este u otro hombre aislado es casual. Pero si tomamos, no uno o varios casos, sino la multitud de casualidades, veremos que detrás de ellas se oculta una determinada necesidad histórica, que estas casualidades son la forma como se manifiesta la necesidad. La naturaleza del capitalismo es tal que la masa de los campesinos se divide en capas: una pequeña parte pasa a integrar la burguesía, pero la mayoría se arruina, se proletariza. Unos capitalistas vencen a otros, se enriquecen y aumentan su producción a costa de sus competidores. Esta es una ley necesaria del desarrollo capitalista. Casual sólo es la suerte de Juan, de Pablo, pero no el hecho de que unos enriquezcan y otros empobrezcan y engrosen las filas del proletariado. Por mayor variedad que presenten los casos aislados todos giran alrededor de un solo eje, y este es la necesidad histórica, la ley interna del modo capitalista de producción.

De esta manera, la propia casualidad resulta ser la forma en que se manifiesta la necesidad. Se pueden citar también otros ejemplos. Más arriba ya hemos hablado de que en relación con el curso del desarrollo histórico, el hecho de que tal personalidad ilustre, y no otra, se haya puesto al frente de un movimiento es una casualidad. Subrayamos: en relación con el curso del desarrollo histórico no es posible descubrir, de modo alguno, una necesidad histórica en el hecho de que haya sido precisamente Napoleón el dictador de la Francia postrrevolucionaria y no otro. Claro es que, en relación con el proceso seguido por la persona de Napoleón, en este hecho hay menos casualidad. Se explica porque Napoleón, tanto por su genio de caudillo militar, como por su talento de gobernante, era superior a los hombres que le rodeaban. Gracias a eso y en determinadas condiciones pudo convertirse en el jefe del Estado francés.

> El hecho de que surja uno de éstos, precisamente este y en un momento y un país determinados, es, naturalmente, una pura casualidad. [...] Que fuese Napoleón, precisamente este corso, el dictador militar que exigía la República francesa, agotada por su propia guerra, fue una casualidad; pero que si no hubiese habido un Napoleón habría venido otro a ocupar su puesto lo demuestra el hecho de que siempre que ha sido necesario un hombre: César, Augusto, Cromwell, etc., este hombre ha surgido[128].

---

128 Marx, K., Engels, F., (1973), «Cartas. Engels a Borgius, 25 de enero de 1894», en *Obras Escogidas*, vol. III, Editorial Progreso, p. 531.

Esto significa que también aquí aparece la casualidad como forma en que se manifiesta la necesidad. El desarrollo de la sociedad con una necesidad sujeta a leyes reclama hombres que sepan encabezar el movimiento y organizar a las masas, que sean capaces de ver más lejos y mejor que otros. Sin estos dirigentes, el movimiento permanece desorganizado, condenado a errar en las tinieblas. La aparición de tales hombres y su actividad social es un elemento de la propia necesidad histórica.

Y esta necesidad histórica debe hallar y halla su realización, como lo demuestra la experiencia histórica. Por eso, aunque haya sido casual en su época que precisamente Augusto, Cromwell, Napoleón y no otros estuvieran al frente del movimiento, esta misma casualidad no es más que el modo de manifestarse la necesidad histórica. En el hecho de que un rasgo personal de Napoleón, como su genio de caudillo militar, ha sido condicionado grandemente por la revolución burguesa contra el feudalismo, que creó nuevas condiciones para la guerra (la participación de grandes masas, etc.), se puede ver también hasta qué punto están ligadas las casualidades de esta clase con la necesidad histórica. Sin esas condiciones objetivas Napoleón no hubiera podido revelar con tanto vigor sus capacidades militares.

Es así como la casualidad está vinculada con la necesidad. La necesidad, a su vez, de una u otra manera está vinculada con la casualidad, se manifiesta por medio de la casualidad. Los ejemplos citados confirman esta conclusión de la dialéctica marxista.

En la naturaleza y en la sociedad impera la necesidad objetiva. Las leyes de la realidad tienen el carácter de leyes necesarias. El marxismo rechaza las teorías que afirman que en la naturaleza y en la sociedad prevalece la casualidad y que su desarrollo no se rige por ninguna ley. Pero a la vez que demuestra la existencia de la necesidad sujeta a leyes en el desarrollo de la naturaleza y de la sociedad, el marxismo no niega la conexión de la necesidad con la casualidad, ni su acción recíproca, como hacen los fatalistas.

Marx decía que la historia hubiera tenido un carácter demasiado místico si en ella no hubiesen existido casualidades y si estas no hubiesen desempeñado ningún papel. Los hombres hacen la historia, pero hombres distintos la hacen de diversa manera. Es evidente que la acción de los hombres no puede dejar de introducir en la historia elementos de casualidad, y aquí tropezamos con el problema del papel de la casualidad histórica en el desarrollo de la sociedad.

En último término, el desarrollo de cualquier sociedad depende del estado de las fuerzas productivas. A determinado nivel de las fuerzas productivas, ninguna fuerza es capaz, por un tiempo más o menos largo, de volver la historia hacia atrás u obligar a la sociedad a dar un salto hacia adelante, de muchos siglos. El desarrollo de las fuerzas productivas es también el fundamento de la necesidad histórica, de las leyes por las que se rige el movimiento de la sociedad. Pero la necesidad histórica se encarna y realiza en las acciones de los hombres, no sólo en las de las amplias masas populares, sino también en las de los diversos dirigentes políticos y militares, caudillos, diplomáticos, etc. Ninguno de estos dirigentes es capaz de cambiar las exigencias necesarias del tiempo. Sólo pueden acelerar o demorar el curso histórico del desarrollo social. Pero su carácter, sus peculiaridades personales, abren la puerta para que penetren las casualidades en la historia. Marx escribe sobre esto que «la aceleración o la lentitud del desarrollo dependen en grado considerable de estas "casualidades", entre las que figura el carácter de los hombres que encabezan el movimiento al iniciarse este»[129].

Sin estas casualidades tampoco podría existir la necesidad histórica, puesto que esta se realiza en las acciones de los hombres. Pero la última palabra corresponde siempre a la necesidad histórica, que se abre camino entre todas las casualidades. Si, por ejemplo, en la guerra de Crimea, durante la defensa de Sebastopol, no hubiera habido hombres de talento como los almirantes Kornilov y Najimov, que supieron organizar la defensa heroica de Sebastopol contra los ingleses y franceses; si en su lugar hubieran estado algunas mediocridades, de las que abundaban tanto, por aquel entonces, en los círculos gobernan-

---

129 Marx, K., y Engels, F., (1973), «Cartas. Marx a Ludwig Kugelmann», en *Obras Escogidas*, vol. II, Editorial Progreso, p. 445.

tes de Rusia, el curso de la campaña de Crimea seguramente hubiera cambiado en algo. Probablemente la caída de Sebastopol se hubiera producido antes. Pero el resultado general hubiera sido el mismo. La derrota de la Rusia zarista en la guerra de Crimea no fue una casualidad. Estuvo condicionada por el atraso de la Rusia de ese entonces frente a la Europa Occidental, porque la nobleza rusa no quería abandonar el régimen de servidumbre. Esta o aquella personalidad con influencia sobre el curso de la campaña hubiera podido cambiar, como dice Plejánov, la fisonomía individual de los sucesos, pero en último término la necesidad se hubiera abierto camino en medio de todas las casualidades. De esta manera, entre la casualidad y la necesidad existe una relación íntima, una acción recíproca, cuyo fundamento es la necesidad.

La forma objetiva de conexión entre la necesidad y la casualidad es importantísima también, tanto como lo es su tránsito mutuo, el de casualidad a necesidad y el de necesidad a casualidad. Entre los metafísicos hay asimismo representantes que, sin dejar de reconocer la existencia de la necesidad y de la casualidad, las conciben como procesos autónomos, por separado: ciertos fenómenos y procesos como necesarios, otros como casuales. Así, por ejemplo, antes de Darwin, los metafísicos consideraban como necesarios los caracteres principales, esenciales, de especie, de animales y vegetales; en cambio, toda la variedad múltiple, toda la diversidad que hay en una misma especie y que se desvía de los caracteres principales de la especie, se consideraba casual, que no merecía ser tomada en consideración.

Hasta dónde este punto de vista es anticientífico nos lo demuestra el hecho de que, en su *Origen de las especies*, Darwin no sólo no ignoraba esta diversidad casual y supuesta como de segundo orden dentro de las especies, sino que partió de estas desviaciones casuales y demostró que, al transmitirse por herencia, con el tiempo llegan a cambiar la especie, conducen al nacimiento de nuevas especies. Al principio tal desviación o diferencia tiene un carácter puramente casual. No es típica de toda la especie. Pero si esta desviación casual ayuda al animal o al vegetal a triunfar en la lucha por la existencia, se transmite por herencia de generación en generación y se convierte en la característica principal de la especie. Lo casual se transforma en lo necesario, así como lo que antes era necesario se convierte en casual, hasta que desaparece por completo. Sin este tránsito mutuo, dialéctico, de la casualidad y la necesidad, el desarrollo del mundo orgánico no hubiera sido posible en general.

Este tránsito ocurre también en la vida social. Marx muestra en *El Capital* cómo una forma de valor unitaria o casual se transforma en compleja y universal. El intercambio entre las comunas primitivas tiene al principio un carácter puramente casual. Prevalece la forma natural de economía. Pero con el tiempo, ampliando cada vez más sus fronteras, el intercambio se convierte en la forma necesaria de relaciones entre los hombres. Por el contrario, la economía natural se convierte en una supervivencia, en una casualidad. En otras palabras, lo casual se trueca en lo necesario y lo necesario en lo casual.

Así, en completo acuerdo con la propia realidad objetiva, la dialéctica materialista resuelve el problema de necesidad y casualidad. En la dialéctica marxista las categorías de necesidad y casualidad dan la posibilidad de orientarse correctamente en la realidad, de separar lo necesario de lo casual y de ver al mismo tiempo su conexión, su acción recíproca.

5

Vayamos ahora a las categorías de **libertad y necesidad**. Al parecer, nada hay tan contrapuesto como Necesidad y Libertad. Libertad es el dominio en el que imperan la voluntad personal y los deseos subjetivos del hombre. Todo aquí se realiza pretendidamente de acuerdo con el principio: yo procedo en la forma que quiero, como me lo dicta mi voluntad. Necesidad es el dominio en el que rigen las leyes que no dependen de la voluntad humana, donde todo se realiza en forma supuestamente independiente del hombre; o sea, la completa contraposición a la libertad.

En la historia de la ciencia social estas categorías fueron consideradas durante largo tiempo como dos contrarios que no pueden unirse, de modo que se reconocía la necesidad o la libertad. En la vida, decían algunos filósofos, sólo existe y actúa la necesidad. El hombre no es libre en sus acciones. Todos sus actos son predestinados. Otros filósofos afirmaban que la única fuerza del desarrollo histórico es la libertad, el libre albedrío del hombre. Todo depende de la fuerza de la razón del hombre, de su libre aspiración a guiarse por los principios racionales de la vida.

Algunos, en apoyo de su punto de vista, alegaban el hecho de que nada se efectúa sin causa. Al hombre le parece que actúa libremente, pero en realidad su acción es provocada por causas determinadas. El hombre puede imaginarse que tomando un vaso de agua y bebiéndosela procede con arreglo a sus libres deseos. Pero lo que en realidad ocurre es que se le ha secado la garganta y esta causa le obliga necesariamente a aplacar su sed. ¿Dónde está aquí la libertad, pues? Para demostrar su libertad y su independencia frente a las exigencias del organismo, el hombre puede abstenerse de beber agua, pero ¿cuánto tiempo resistiría? De una u otra manera, la necesidad se hace presente y le obliga a ceder su «libertad». Por consiguiente, no existe libertad alguna.

Así razonaban los materialistas franceses del siglo XVIII, que negaban toda libertad en las acciones de los hombres. En la lucha contra la religión, contra la teología, el reconocimiento del carácter objetivo, necesario, de las leyes, aunque en una forma muy incorrecta y unilateral, tuvo un significado progresivo para la época. Helvecio afirmaba que sólo la teología, el clericalismo, pueden razonar acerca de la libertad. «Un tratado filosófico acerca de la libertad, sería un tratado acerca de los efectos sin causas»[130]. Por otra parte, Holbach afirmaba

> ¡Hombre débil y vanidoso! que pretendes ser libre, ¿acaso no ves tus cadenas? ¿No ves que son átomos los que te constituyen, que

---

130 Helvétius, C., (1938), *Sobre persona, sus capacidades mentales y educación*, Editorial Estatal Social-Económica, p. 20. [En ruso].

son átomos los que te mueven, que son circunstancias independientes de ti las que modifican tu ser y regulan tu destino?[131]

Otros filósofos, para apoyar su punto de vista opuesto sobre la naturaleza de las acciones del hombre, invocaban el hecho de que la causa única y superior de todo lo existente es Dios, que el hombre es la criatura de este ser supremo y, por tanto, debe actuar con arreglo a su propia voluntad. El hombre puede tener una buena o mala conducta frente a su prójimo, puede ser un bandido o un filántropo, etc. Todo, decían, depende de su voluntad, de la armonía de su voluntad con el ser supremo.

En general, la idea del libre albedrío se deriva de la filosofía idealista. Si, como afirman los idealistas, el hombre impone sus leyes a la realidad, si en ella misma impera el caos, el desorden, claro está que también la conducta de los hombres puede tener por fuente tan sólo su propio mundo interno, sus ideas, su libre albedrío. Entre los idealistas hay que distinguir a Hegel, que hizo aportaciones preciosas para la interpretación correcta de este problema. Pero sólo el marxismo, por primera vez en la historia de la ciencia, demostró la verdadera correlación existente entre la necesidad y la libertad, y con ello abrió amplias perspectivas para la actividad consciente en la reconstrucción del mundo.

El marxismo niega, como no correspondientes a la realidad objetiva, las teorías metafísicas de los materialistas mecanicistas y de los idealistas sobre la libertad y la necesidad. Si se desarrolla consecuentemente el punto de vista de reconocer únicamente la necesidad, conduce a la negación de toda actividad consciente y a sostener que en la historia humana todo se hace automáticamente, que no es posible ninguna actividad consciente y libre. Reconocer únicamente el libre albedrío es negar la existencia de las leyes que rigen el desarrollo de las leyes objetivas que no dependen de la conciencia de los hombres, es basarse en la exageración del papel de las ideas en la historia de la sociedad. Para la dialéctica marxista, la necesidad y la libertad no son principios que existan por separado o que se nieguen mutuamente,

---

131 Holbach, Barón d', *Sistema de la naturaleza*, op. cit., p. 253.

sino la unidad de contrarios, íntimamente ligados entre sí y que se truecan uno en otro.

Citaremos dos ejemplos que nos ayudarán a comprender la dialéctica de libertad y necesidad. El hombre depende de la naturaleza. No puede vivir fuera de un determinado medio. Para él, este medio es la naturaleza, es decir, determinadas condiciones geográficas, de clima, etc. El hombre no puede prescindir de las leyes de la naturaleza; su acción es para él una necesidad. De aquí sería fácil sacar esta conclusión: el hombre es un instrumento ciego en manos de la naturaleza, está subordinado íntegramente a sus leyes necesarias y no tiene ninguna libertad respecto de ella.

Sin embargo, la historia del desarrollo de la sociedad humana demuestra completamente otra cosa. Al tropezar con los fenómenos de la naturaleza, el hombre comienza a conocer sus leyes, la acción de estas leyes. Sobre la base de la actividad práctica –industria, agricultura, etcétera–, nace la ciencia sobre la naturaleza y sus leyes. La naturaleza deja de ser un misterio para el hombre. Al conocer y actuar de acuerdo a las leyes necesarias y objetivas de la naturaleza, los hombres comienzan a dominarla. Con la evolución de la sociedad, sobre todo en sus fases superiores –la sociedad socialista y comunista– el hombre se convierte en dueño de la naturaleza. De esta manera, la necesidad se transforma en libertad. Conociendo sus leyes, el hombre utiliza libremente la naturaleza para sus fines. Por consiguiente, mediante el conocimiento de las leyes de la naturaleza, la necesidad se transforma en su contrario, en libertad. La libertad es una necesidad de la que se tiene conciencia. Pero el hecho de que el hombre actúe libremente al conocer las propiedades de estos o aquellos fenómenos de la naturaleza, no destruye la necesidad, la independencia de estos fenómenos para con él. La necesidad sigue siendo el fundamento de la actividad libre del hombre.

Citaremos otro ejemplo. El hombre no sólo depende de la naturaleza, del medio natural. También existe, además, el medio social. Este medio social tiene asimismo sus leyes necesarias, independientes del hombre. Así, por ejemplo, cada nueva generación encuentra las fuerzas productivas creadas por las generaciones anteriores. No puede salirse de pronto de los marcos de las fuerzas productivas creadas anteriormente. Y como estas últimas son la base del orden social, también la manera de vivir de los hombres está necesariamente determinada por estas fuerzas productivas. Pero al tener conocimiento de las leyes del desarrollo social y al actuar sobre la base de la necesidad histórica, de acuerdo a estas leyes, los hombres cambian las normas sociales. Los millones de hombres del pueblo soviético construyen libremente la nueva sociedad comunista. Hubo que vencer muchas dificultades para derrocar el yugo de la esclavitud capitalista, para destruir la fuente de crecimiento del capitalismo, para construir la nueva sociedad socialista.

¿En qué se basa, pues, la lucha victoriosa, la construcción con éxito de la nueva sociedad? Se basa en el conocimiento de las leyes necesarias de la evolución social, en la teoría del marxismo-leninismo. Y he aquí, por consiguiente, cómo la necesidad se convierte en libertad, y la libertad se fundamenta sobre la necesidad. Los ejemplos citados demuestran que necesidad y libertad son conceptos íntimamente vinculados.

En efecto: ¿es posible la libertad –la libertad verdadera y no la «libertad» imaginaria– que no se apoye en el conocimiento de las leyes naturales y sociales necesarias no dependientes de la conciencia del hombre? El hombre puede creerse independiente con respecto a las leyes objetivas de la naturaleza y archilibre en sus acciones. Puede inventar una multitud de medios y formas de reformar las normas sociales según las ideas libremente elegidas por él. La historia conoce no pocos de estos reformadores. Pero en la medida en que semejantes ideas y métodos de reforma del mundo no reflejen la necesidad histórica, suenan a hueco y sólo sirven como testimonios de la impotencia de sus autores. Al convencerse de la imposibilidad de realizar sus ideas, estos alquimistas sociales pasan «libremente» a otras ideas, pero el resultado es exactamente el mismo. Un detenido examen deja ver que sus propias teorías, como una necesidad, expresan la situación social de las clases y de los grupos de clase en cuya representación intervienen, de modo que también en este sentido su libertad es muy relativa.

No hay ni puede haber una libertad *absoluta,* es decir, una libertad en el sentido de independencia para con las leyes necesarias de la naturaleza. Cualquier menosprecio de la necesidad objetiva al cabo significa la sumisión ciega, esclava a la necesidad. Los hombres que no conocen las leyes objetivas de la naturaleza, o que en principio se proclaman libres de toda necesidad objetiva, se parecen a los ciegos que andan a tientas por un camino, sin ninguna seguridad de haber elegido el justo, y a quienes los múltiples obstáculos con que tropiezan les obligan a cambiar de rumbo sin cesar.

Esos hombres se parecen a los héroes que ridiculizó Kozma Prutkov:

Todavía estoy sobre la piedra;
Me tiro al mar...
¿Qué me depara la suerte?
¿Alegría o amargura?
¿Puede ser que me desconcierte?
¿Puede ser que no me ofenda...?
He aquí el grillo del campo que salta,
¿Hacia dónde? No lo ve.

Esta es en la práctica la fisonomía de la «libertad absoluta». A este propósito, decía Engels que «la inseguridad debida a la ignorancia y que elige con aparente arbitrio entre posibilidades de decisión diversas y contradictorias prueba con ello su propia ilibertad, su situación de dominada por el objeto al que precisamente tendría que dominar»[132]. Sólo el conocimiento de las leyes objetivas del desarrollo de la naturaleza y de la sociedad, sólo la actividad que expresa las necesidades indispensables del tiempo, hace al hombre libre en sus actos, en su conducta. Y esta libertad, que es sólo una libertad *relativa,* es la auténtica y verdadera libertad. «La libertad de la voluntad no significa, pues, más que la capacidad de poder decidir con conocimiento de causa»[133].

Los materialistas franceses se equivocaron profundamente cuando, al basarse en que cada acto del hombre está determi-

---

132 Engels, F., (1977), *Anti-Dühring*, op.cit., pp. 117-18.

133 Idem.

nado, es decir, condicionado por alguna causa, negaban la posibilidad de la libre actividad del hombre. Pero en verdad, puesto que la necesidad objetiva, la conexión causal de los fenómenos, es la base de la evolución de la naturaleza y de la sociedad, precisamente por eso y sólo por eso, es también posible el libre albedrío. Cuando los hombres conocen la necesidad objetiva dejan de ser espectadores pasivos de la acción de la naturaleza. La someten, aprenden a dirigirla por las leyes espontáneas, y de esclavos de la naturaleza se transforman en sus dueños. Por eso la libertad aparece como el producto histórico de la evolución de la humanidad.

La historia humana es la historia de la evolución desde el desconocimiento y la ciega sumisión a la naturaleza, al conocimiento de sus leyes y a su sometimiento mediante la acción práctica sobre ella. Por tanto, la libertad no es sólo una necesidad reconocida, sino también la actividad práctica y consciente de los hombres, que cambian la naturaleza y las relaciones sociales en beneficio de sus intereses. Sólo la unión del conocimiento de las leyes objetivas con la actividad práctica hace al hombre libre en el verdadero sentido de esta palabra.

Al cambiar conscientemente las normas sociales los hombres, de esclavos de las relaciones sociales que los gobiernan, se transforman en dueños de su vida. Ellos mismos comienzan a regular sus relaciones, luchando libremente por la modificación básica de la sociedad. Sólo la libertad basada en el conocimiento de la necesidad, alienta la seguridad en la justeza del camino elegido, en la certeza de los acuerdos adoptados y dota a las masas y a cada personalidad por separado de un optimismo invencible, totalmente inconcebible bajo la imaginaria libertad «absoluta».

El siguiente ejemplo puede servir de confirmación interesante de esta conclusión: La revolución de 1848 en Alemania, en la que tomaron una parte activa Marx y Engels, sufrió una terrible derrota. La situación post-revolucionaria, como suele ocurrir siempre después de una derrota, provocó una ola de pesimismo, de falta de fe en la posibilidad del triunfo. Las personalidades «absolutamente libres», en casos como éstos, pasan rápidamente del optimismo al más tenebroso pesimismo, pierden toda esperanza de lograr por vía revolucionaria resultados positivos. Así ocurrió también en Rusia, después de la revolución de 1905.

Después de la derrota de la revolución de 1848, Marx y Engels escribieron *Revolución y contrarrevolución en Alemania*, libro en el que hicieron un análisis de las causas de aquella derrota. Y he aquí lo que escriben acerca del futuro de la revolución y de las tareas del partido proletario:

> No es posible figurarse una derrota tan grande como la sufrida por el partido revolucionario, mejor dicho, por los partidos revolucionarios del continente en todos los puntos de la línea de batalla. ¿Y qué? [...] En nuestros días todo el mundo sabe que dondequiera que hay una conmoción revolucionaria tiene que estar motivada por alguna demanda social que las instituciones caducas impiden satisfacer. Esta demanda puede no dejarse aún sentir con tanta fuerza ni ser tan general como para asegurar el éxito inmediato; pero cada conato de represión violenta no hace sino acrecentarla y robustecerla hasta que rompe sus cadenas. Por tanto, si hemos sido derrotados, no podemos hacer nada más que volver a empezar desde el comienzo[134].

Esta cita demuestra las fuentes de las que Marx y Engels extraían su asombrosa fe en el inevitable triunfo de la revolución y su seguridad inquebrantable en la justeza del camino revolucionario que señalaban a las masas. Estas fuentes eran: el conocimiento de las necesidades materiales de la vida de los hombres, históricamente en maduración, y la comprensión de que la necesidad histórica se abre camino a través de todas las derrotas y fracasos transitorios del partido revolucionario. Idéntico optimismo revolucionario inagotable y seguridad en el triunfo definitivo del proletariado caracteriza también toda la actividad de Lenin y Stalin, y cada uno de sus pasos en la revolución.

> El comunismo «brota» de todos los aspectos de la vida social sin excepción alguna, sus gérmenes existen absolutamente en todas partes; «el contagio» (dicho sea, con la comparación preferida de la burguesía y de la policía burguesa y la más «agradable» para ella)

---

134 Marx, K. y Engels, F., (2022), «Revolución y contrarrevolución en Alemania», en *Obras escogidas*, vol. I, Ediciones Tinta Roja, p. 273.

ha penetrado muy hondo en el organismo y lo ha impregnado por completo. Si «se tapona» con celo especial uno de los escapes, «el contagio» encontrará otro, a veces el más inesperado. La vida acabará por imponerse. Que la burguesía se sobresalte, se irrite hasta la locura. [...] Los comunistas deben saber que, en todo caso, el porvenir les pertenece[135].

He aquí la base de la auténtica libertad de la actividad social: el conocimiento de las ineludibles leyes de la evolución social. Tal libertad de acción constituye uno de los elementos inalienables de la historia de la sociedad, una de sus fuerzas motrices más importantes.

6

Las categorías de ***posibilidad y realidad*** complementan la dialéctica con nuevas formas sustanciales de conexión. Si las categorías esencia, fenómeno, contenido, forma, casualidad, necesidad, etc., reflejan determinados aspectos de la realidad objetiva, la categoría realidad las contiene como sus momentos y sirve para expresar la plenitud de la realidad, la unidad de los múltiples y variados aspectos del mundo.

A la categoría de *realidad* se opone la categoría de *posibilidad*. En el proceso de desarrollo de la realidad, que jamás se halla en una forma estancada e inmutable, nacen nuevos fenómenos. La posibilidad de nacimiento de este u otro fenómeno depende de una serie de condiciones. Si estas condiciones se dan, la posibilidad se convierte entonces en una realidad. Por eso, en la realidad objetiva hay que distinguir la posibilidad de los fenómenos y su realidad. Lenin escribía que esta distinción tiene una gran significación metodológica. En una de sus cartas señaló que en la metodología hay que distinguir lo posible de lo real.

La posibilidad de los fenómenos y su realidad se diferencian en que la posibilidad es sólo una premisa necesaria para el naci-

---

135 Lenin, V. I., «La enfermedad infantil del "izquierdismo" en el comunismo», op. cit., pp. 89-90.

miento y desarrollo de los fenómenos, mientras que la realidad es ya una posibilidad realizada. La semilla contiene la *posibilidad* de nacimiento y desarrollo de un vegetal. En la acumulación de nubes reside una *posibilidad* de lluvia. En el embrión humano hay una *posibilidad* de nacimiento de un hombre. En el propio régimen capitalista está cimentada la *posibilidad* de su extinción. A diferencia de la posibilidad, la realidad denota ya una posibilidad *realizada*. Así, el vegetal, la lluvia, el hombre, son ya en relación a la semilla, a las nubes, al embrión humano, una realidad, una posibilidad ya *realizada*. De esto se ve que posibilidad y realidad no son una y la misma cosa, sino que entre ellas existe una importante diferencia. Tal como indicó el camarada Stalin, no hay que confundir la posibilidad con la realidad.

Pero posibilidad y realidad no están separadas una de otra por una muralla china. Como toda clase de tendencias contrapuestas, también estas se truecan mutuamente: un contrario se convierte en otro. La semilla se convierte en vegetal, de las nubes nace la lluvia, del embrión humano se desarrolla un hombre, etc. Hegel escribía que con la forma de posibilidad se pueden revestir las cosas más abstractas y absurdas:

> Es posible que esta noche la Luna caiga sobre la Tierra porque la Luna es un cuerpo separado de la Tierra y que puede caer lo mismo que una piedra arrojada al aire. Es posible que el sultán venga a ser Papa, porque el sultán es un hombre y como tal puede convertirse al cristianismo, hacerse sacerdote, etc.[136]

Hegel, con sus ejemplos, quiso demostrar que hay una posibilidad hueca, formalista, y una posibilidad con contenido, una posibilidad real. La posibilidad de que esta noche caiga la luna a la Tierra, de que el sultán turco se haga papa, etcétera, son ejemplos de posibilidad vacía, formalista. La posibilidad formalista es tal porque no tiene ningún fundamento concreto en la realidad objetiva.

Para que la posibilidad tenga contenido real, hace falta que tenga raíces en la propia realidad, una existencia objetiva, que

---

136 Hegel, G. W. F., (2002), *Lógica*, vol. II, RBA, p. 54.

todo el conjunto de condiciones la hagan real. Depende de numerosas condiciones, que una posibilidad determinada sea real o no. En otras palabras, la posibilidad real es una posibilidad objetiva que puede, bajo determinadas circunstancias, con la presencia de determinadas condiciones, transformarse en una realidad. En las obras del camarada Stalin hallamos ejemplos claros de análisis dialéctico de posibilidad y realidad. En su informe político del CC ante el XVI Congreso del PC(b) de la URSS, el camarada Stalin dijo:

> El régimen soviético da *posibilidades* colosales para la victoria completa del socialismo. Pero *posibilidad* no es aún *realidad*. Para convertir la posibilidad en realidad, son precisas varias condiciones, entre las cuales la línea del Partido y su acertada aplicación no desempeñan, ni mucho menos, el último papel[137].

En apoyo de su tesis, el camarada Stalin cita algunos ejemplos. Los derechistas restauradores del capitalismo predicaban la teoría del automatismo. La NEP, decían, asegura automáticamente la victoria del socialismo. El camarada Stalin desenmascaró esta teoría:

> Lenin no dice, ni mucho menos, que la NEP nos aporte el socialismo ya terminado. Lo único que nos dice es que la NEP nos garantiza la *posibilidad* de echar los cimientos de la economía socialista. Entre la *posibilidad* de construir el socialismo y su *construcción efectiva*, media una gran diferencia. No hay que confundir la posibilidad con la realidad. Precisamente para convertir esta posibilidad en realidad es para lo que Lenin propone la electrificación del país y el establecimiento de la base técnica de la gran industria moderna para la industria, la agricultura y el transporte, como condición del triunfo definitivo del socialismo. Pero no es posible realizar en uno o dos años esta condición necesaria para la construcción del socialismo. No es posible conseguir en uno o en dos años industrializar el país, construir una potente industria, organizar la cooperación de masas de millones de campesinos, dar una nueva base técnica a la agricultura, unificar las economías campesinas individuales en

---

137 Stalin, I., (1953), «Informe político del Comité Central ante el XVI congreso del PC(b) de la URSS», en *Obras Completas*, vol. 12, Ediciones en Lenguas Extranjeras, p. 356.

grandes economías colectivas, desarrollar los sovjoses, limitar y vencer los elementos capitalistas de la ciudad y del campo[138].

Los oportunistas de derecha sacaron también a relucir otra teoría: puesto que el régimen soviético no contiene motivos para una división entre la clase obrera y los campesinos, no hay por qué intranquilizarse en cuanto a la fijación de una línea justa del Partido en este problema. Todo sucederá automáticamente. El kulak evoluciona pacíficamente hacia el socialismo, y la alianza de los obreros con los campesinos se establecerá automáticamente. Citando una serie de indicaciones de Lenin a este respecto, sobre todo, en lo que se refiere al problema de que la posibilidad de una división no está excluida, el camarada Stalin dijo:

> Por consiguiente, la escisión entre la clase obrera y los campesinos no está excluida; pero no es en modo alguno obligatoria, pues en nuestro régimen existe la *posibilidad* de evitar esta escisión y de consolidar la alianza de la clase obrera y los campesinos. Pero ¿qué es necesario para convertir en realidad esa posibilidad? Para convertir en realidad la posibilidad de *evitar* la escisión es necesario, ante todo, enterrar la teoría oportunista de la espontaneidad, extirpar las raíces del capitalismo, organizando koljóses y sovjoses, y pasar de la política de restricción de las tendencias explotadoras de los kulaks a la política de su liquidación como clase. Resulta, por consiguiente, que hay que establecer una distinción rigurosa entre las *posibilidades* que existen en nuestro régimen y su *utilización*, su transformación en realidad[139].

Como ve el lector, de la diferencia objetiva que existe entre posibilidad y realidad, y su trueque de la una en la otra, se deducen conclusiones muy importantes para la actividad política práctica. No se puede, es nocivo, confundir la posibilidad con la realidad, puesto que tal confusión conduce a una apreciación incorrecta del momento y, por consiguiente, también a la incorrecta fijación de las tareas. Si la posibilidad de construir el socialismo y su realidad fuesen una y la misma cosa, el Par-

---

138 Stalin, I., *Cuestiones del leninismo*, op. cit., pp. 210-11.

139 Stalin, I., «Informe político del Comité Central ante el XVI congreso del PC(b) de la URSS», op. cit., pp. 357-58.

tido debería entonces cruzarse de brazos, no trazarse un programa, grande y difícil, para la realización de esta posibilidad, no habría necesidad entonces de luchar por la construcción del socialismo. Tal confusión condena al hombre político a esperar pasivamente hasta que los acontecimientos, espontáneamente, por sí mismos, conduzcan al resultado deseado; esta confusión se deriva de la subestimación de una condición tan importante de la transformación de la posibilidad en realidad en la vida social, como lo es la voluntad consciente de realizar el objetivo que se proponen la vanguardia de la clase obrera y toda la clase en general. Sin esta condición no se puede ni soñar en que el socialismo encarne en la realidad. Así se explica también el gran valor que el Partido, con Stalin a la cabeza, atribuyó a las disputas sobre la posibilidad de la construcción del socialismo en un solo país.

La determinación correcta de la posibilidad real dota de una orientación a las masas, para su lucha y trabajo, y las moviliza para la transformación de esta posibilidad en una realidad viva.

En el XVIII Congreso del PC(b) de la URSS, el camarada Stalin habló de la posibilidad de construir la sociedad comunista en la URSS, aún en las condiciones de la existencia, durante cierto tiempo, del cerco capitalista. Pero de esta posibilidad real se desprenden determinadas tareas: alcanzar y sobrepasar los países capitalistas adelantados en el aspecto económico, educar a las masas trabajadoras en el espíritu de una relación comunista frente al trabajo, frente a la propiedad social, etc.

Existen todas las posibilidades objetivas para la construcción de la sociedad Comunista en la URSS, y también se conocen las tareas que eso plantea. ¿Cuáles son, pues, las condiciones decisivas que se necesitan para transformar esta posibilidad en una realidad? Estas condiciones decisivas son: el trabajo honrado de los obreros, koljosianos e intelectuales, bajo la dirección del Partido Comunista: la relación consciente respecto a las tareas y la presteza en ir al sacrificio para su cumplimiento con éxito; la voluntad poderosa de todo el pueblo soviético de alcanzar una plena victoria. Es así como la dialéctica marxista resuelve el problema de posibilidad y realidad.

Hagamos ahora unas breves deducciones de todo lo dicho acerca de las categorías de la dialéctica materialista.

Las categorías de la dialéctica marxista reflejan los aspectos más generales y sustanciales de la realidad y sirven de puntos de apoyo para el conocimiento del mundo objetivo. Cada categoría es el resultado de sintetizar determinadas propiedades y aspectos del mundo real. La peculiaridad distintiva de las categorías de la dialéctica materialista es su flexibilidad, su movilidad, que expresan la flexibilidad y la movilidad de la propia realidad. Para medir y expresar en él conocimiento una naturaleza que eternamente progresa y cambia, las categorías deben expresar con el máximo de exactitud el principio de la mutación, del movimiento, del trueque de los contrarios uno en otro. Las categorías metafísicas que separan la esencia del fenómeno, el contenido de la forma, la necesidad de la casualidad; que las examinan en una forma estancada, aislada una de la otra, no pueden ser un instrumento de conocimiento científico y de acción revolucionaria. Sólo en la dialéctica marxista-leninista las categorías se llenan de la misma vitalidad que caracteriza al mundo objetivo que nos circunda. Por eso, en la actividad política de la clase obrera y de su Partido Comunista, las categorías, así como las leyes de la dialéctica, tienen un enorme valor práctico.

Hemos terminado la exposición de las leyes fundamentales y de algunas categorías importantes del método dialéctico marxista. Para finalizar, es preciso hacer notar lo siguiente: El método dialéctico no es, como se puede pensar a primera vista, una suma de respuestas hechas para todos los problemas de la vida. La dialéctica es un método, una guía para el conocimiento de la naturaleza y de la Historia. La dialéctica nos dota del conocimiento de las leyes generales de la evolución, nos ofrece la posibilidad de conocer correctamente los diversos fenómenos, cosas, sucesos, procesos, de orientarnos correctamente en la situación, escoger el eslabón decisivo en la cadena de las tareas. Para aplicar el método dialéctico a este o aquel hecho hace falta estudiar los propios hechos; no atenerse a condiciones generales, sino a hechos concretos, al desarrollo de fenómenos concretos. Sin conocer los hechos, sin conocer el objeto a estudio, la dialéctica pierde todo su vigor. Esta es tesis fundamental del método dialéctico: la verdad no es abstracta, sino concreta. Para ser un auténtico dialéctico hace falta unir el conocimiento de las leyes generales de la evolución al análisis concreto de la realidad. Sólo bajo estas condiciones la dialéctica se convierte en la fuerza más grande, en un instrumento poderoso de conocimiento y de práctica revolucionaria.

Los enemigos del marxismo-leninismo intentaron más de una vez presentar la dialéctica como si fuera un instrumento de *demostración* de las verdades, y no un instrumento de investigación y de conocimiento; como si el marxismo en sus conclusiones no se apoyara en el estudio de los fenómenos y hechos concretos, sino en las exigencias lógicas del método dialéctico.

Los enemigos del marxismo acusaban a Marx de que su conclusión acerca de la muerte necesaria del capitalismo no se desprendía del análisis de las relaciones capitalistas reales, y de que Marx había llegado a esta conclusión sometiéndose a la exigencia de la ley dialéctica del trueque de tendencias contrapuestas, etc. Estas acusaciones son una calumnia contra Marx y contra su método dialéctico. La obra más grande del socialismo proletario –El Capital–, desde la sintetización de principio sobre el curso y perspectivas del desarrollo capitalista, hasta los pormenores más ínfimos, está fundamentada en una enorme masa de hechos reales. No es posible mencionar en la literatura mundial otra obra que en este aspecto haya sobrepasado a *El Capital*. Marx sacaba sus conclusiones sobre la base del estudio concreto de los hechos. La fuerza más grande de su obra radica en haber estudiado estos hechos, guiándose por el método dialéctico, por la dialéctica revolucionaria.

En esta unión orgánica del estudio de los hechos concretos y la aplicación del método dialéctico para su conocimiento, radica la particularidad más importante del marxismo-leninismo. Los grandes jefes del proletariado, Marx, Engels, Lenin, Stalin, criticaron siempre implacablemente a los que intentaron sustituir el estudio minucioso y en todos sus aspectos de la realidad con ayuda de la dialéctica, por la manipulación, por el juego con los conceptos dialécticos, así como a todos los que intentaron ignorar el análisis de los hechos y fenómenos concretos. El estudio de la dialéctica materialista y de sus leyes no es, ni puede ser, un objetivo en sí mismo. No es difícil aprender y comprender las tesis fundamentales del método dialéctico. Pero la comprensión auténtica, marxista-leninista, de la dialéctica, comienza allí donde el método dialéctico se concibe como un instrumento de conocimiento y de lucha revolucionaria. Así, no puede llamarse auténtico dialéctico revolucionario sino al que sabe aplicar este agudo instrumento en la lucha práctica contra el viejo mundo, en la lucha por la construcción del mundo nuevo, del mundo comunista.

ÍNDICE

Otros títulos de la colección Píleo

Biografía del Manifiesto Comunista
Wenceslao Roces (ed.), Karl Marx y Friedrich Engels

Materialismo Dialéctico. Fundamento teórico del marxismo leninismo
Vladimir Adoratsky

Contra la guerra imperialista. Antología de textos (1907-1922)
V. I. Lenin